신나는 방언기도

박보명 목사 지음

신나는 방언기도

방언의 세계와
성령의 말씀을 나누는 기회

PAPER
BOOKS

* 이 책에 인용한 성경 구절은 개역개정판을 기준으로 했습니다.
* 이 책에 인용한 찬송가 구절은 새찬송가를 기준으로 했습니다.

"방언을 말하는 자는 사람에게 하지 아니하고
하나님께 하나니 이는 알아 듣는 자가 없고
영으로 비밀을 말함이라"

고린도전서 14 : 2

책을 펴내며

필자는 어린 시절부터 주일학교를 다녔으며 장년부 부흥회를 쫓아다닌 기억도 한 컷 남아 있습니다. 그 당시 소경의 눈이 떠졌다는 집회로 기억합니다. 그때부터 집회에 관심이 있었나 봅니다. 지금도 집회를 하고 있으니 말입니다. 저는 30여 년간 고신측(고려파.고신) 교회에서 전도사로 사역하다가 목사의 소명을 받았습니다. 하나님의 어떤 섭리로 인해 뇌하수체 관련된 수술을 받으면서 사역을 쉬게 되었고 3년 반 동안 투병하던 중 깊은 기도와 묵상 그리고 성령의 감동으로 말미암아 소위 능력 방언 또는 축사 방언, 그중에서도 단마디 방언을 통해 나오는 단어들의 의미를 깨닫게 되었습니다. 그 후 많은 경험과 사례들을 조사하고 나타난 현상과 결과를 검증하면서 방언의 단어에 담겨 있는 뜻을 유튜브를 통해 알리고 있습니다.

이 책은 단순히 방언이 어떤 것인가를 알려주는 것뿐만 아니라 방언을 해야 하는 이유, 방언의 특징들 그리고 방언에 담긴 뜻과 방언이 성장하며 달라지는 의미들을 널리 알려 더 많은 성도가 풍성한 성령의 삶을 누리기를 바라는 마음에서 쓴 것입니다. 병상에서 그리고 현실에서 보여주시고 경험하게 하신 방언의 세계와 성령의 말씀을 나누는 기회인 것 같아 기쁜 마음을 감출 수 없습니다.

그리고 이 일을 진행하면서 최영화 사모님, 백금화 집사님, 펄킴 전도사님의 아낌없는 수고와 지지와 도움을 받았습니다. 진정한 마음으로 감사 인사를 드립니다. 턱없이 부족한 사람을 전폭적으로 지지해주신 성삼위 하나님께 모든 감사와 영광을 올립니다. 이 모든 일의 주인은 나의 사랑하는 주 예수그리스도이심을 선포합니다.

2024년 10월에

박보명

신나는 방언기도 … 차례

책을 펴내며 … 6
들어가면서 … 11

1장. 열린 방언의 세계

1. 영의 언어, 방언이란 무엇인가 … 19
2. 방언의 특징 … 23
3. 왜 방언을 해야 하는가 … 37
4. 방언의 중요성과 방언을 대하는 태도 … 63
5. 방언에 의문을 제기하는 까닭 … 67
6. 방언의 종류 … 70

2장. 축사 방언, 그 놀라운 실체

1. 축사 방언의 특징 … 77
2. 영권 확장과 영적 계급 … 85
3. 붙들린 중보기도 영역 … 89
4. 축사 방언의 종류 … 94
5. 영찬양의 두 영역과 치유 능력 … 104
6. 그 외에 여러 가지 방언기도 … 108
7. 축사 방언 시 나타나는 여러 현상들 … 111
8. 방언 통변의 은사 … 117

3장. 방언에 관한 질의응답

1. 방언기도에 대한 질문 … 127
2. 방언기도 시 나타나는 현상에 대한 질문 … 136
3. 축사 방언에 대한 질문 … 158
4. 방언 소리와 음률과 방언 찬양에 대한 질문 … 173
5. 방언기도와 관련된 또 다른 질문 … 179
6. 기타의 체험들 … 188

나가면서 … 209

들어가면서

우리는 이제 새로운 시대를 맞이했다. 요즘은 '영성 시대'라는 말이 자주 들린다. 영성 시대란 물질문명을 넘어서 정신적이고 영적인 것을 추구하는 시기라는 말이다. 인간의 내면은 하나님의 창조로 부여된 수많은 영적이고 정신적인 자원으로 설계되고 장착되어 있다. 인간의 내적 자원에 대한 이해가 더해지면서 이를 활용하고자 하는 욕구가 활발하게 전개되는 시대가 된 것이다.

　기기 문명의 발달이 정점을 찍고 있는 요즘 사람들은 영적 세계에 부쩍 관심을 보인다. 물욕이 팽배하는 사회에서 지성이나 지식이 아닌 영성이 화두로 떠오르고 있는 현상은 무엇 때문일까. 그것은 인생에서 참 의미를 찾고 삶의 가치에 대한 이해와 목표를 명확하게 인식하고 살려는 욕구가 강하게 일어난 것으로 볼 수 있다. 아마도 '먹고 살기 위해' 또는 '배움과 그에 따른 성공적 삶'이 목적이었던 전쟁을 겪은 세대나 우리 윗세대가 처했던 시기와는 달리 21세기를 사는 현대인들에게는 그런 처절한 목적이 더는 삶의 가치나 목표가 되지 않기 때문이다.

무엇보다 근래에 매우 놀랍고도 위험스러운 것은 AI의 등장이다. 일명 인공지능이라 불리는 AI가 무서운 속도로 우리의 생활 속으로 파고들고 있다. 특히 AI가 인간이 일하는 것보다 더 많은 일을 능률적으로 해결함으로써 우리의 노동시장을 점령해 가고 있다. AI가 인간 생명의 존엄성을 해하는 것은 물론 생계를 위협하여 직장을 잃는 이들이 늘어간다. 사회 곳곳에서 벌어지는 이런 현상들을 지켜보면서 사람들은 한편으로는 그것을 이용하기도 하고 한편으로는 두려워하기도 한다.

현실사회가 불안해지고 이상 가치에 대한 혼란이 가중될수록 우리는 인간의 내면세계를 알고 싶고 좀 더 단단하고 평온한 자신을 갖추기 위해 요가나 명상 등 정신적인 것을 추구하게 되고, 지식 이상의 가치를 찾거나 영적 진리를 향한 형이상학적 성찰을 목표로 한다.

그러나 일반적인 요가나 명상을 통한 영성 수련은 진정한 의미에서 자신의 영성을 바른 방법으로 훈련하는 것이 아니어서 결국 마귀의 밥이 되기 쉽다. 이는 나약한 영성 세계 구축으로 불안과 두려움에 쉽게 흔들리게 된다는 말이다. AI 역시 인간의 모습과 생각은 흉내 낼 수 있을지 모르나 결단코 인간의 온전한 영성은 알 길이 없고 흉내를 낼 수도 없다. AI가 기도문을 작성하고 설교를 할 수는 있을지 몰라도 영혼이 없는 글들이 어찌 우리의 영혼에 울림을 줄 수 있겠는가.

우리 기독교인은 영성 시대를 대하는 자세가 그들과는 사뭇 다르다. 왜냐하면 기독교인은 성령으로 말미암은 정체성으로 거듭난 영적 존재로서 그분과 아버지와 아들, 즉 그분의 자녀라는 새 생명으로 이어진 관계이기 때문이다. 이런 점에서 영성 시대는 우리를 흥분시킨다. 이것이 기독교인이 영성을 훈련해야 하는 이유이다.

영성 훈련이란 우리에겐 매우 중요하다. 새로이 태어난 그 생명은 자라야만 하고 그러기 위해서는 여러 연단과 훈련 과정이 필요하다. 이것을 위해 하나님께서는 성령을 통해 우리를 돌보시고 우리의 길을 인도해 주신다. 여기에 기도는 말씀과 함께 필수

불가결한 요건이다. 그러므로 기독교인은 광분된 시대의 조류에 놀랄 것이 아니라 침착해야 하며 두려움에서 벗어나야 한다. 우리가 이 글에서 말하고자 하는 방언, 즉 영의 기도는 이러한 영성 훈련을 더더욱 활기차게 만들어준다. 이런 기도로써 우리는 영의 세계를 알게 되고 방언기도의 무수한 유익들을 통해 우리의 영혼은 성장과 성숙을 반복하여 주님의 장성한 분량에 이르도록 해야 한다. 다시 말해 하나님의 자녀로서 예수님처럼 살아가는 믿음의 삶을 살아야 한다.

그러므로 예수 믿는 우리에게 영성 시대란, 마귀의 세계로 이끄는 허탄한 영성 추구가 아닌, 보이지 않지만 실존하는 영의 세계에서 마귀와 대적해 치열하게 싸워 마침내 승리하도록 이끌어 주는 세계를 가리킨다. 또한 '방언'이라는 성령의 은사이자 우리에게 주어진 강력한 무기를 통해 보이는 우리의 육적 세계를 다스리고, 보이지 않는 영혼의 성숙을 통해 하나님의 뜻을 이루는 도구로 쓰임 받는 것을 목표로 하는 삶이라 할 수 있다.

이 책은 바로 하나님의 뜻을 이루는 도구로 쓰임 받는 '방언'에 관해 설명한 글을 알기 쉽게 정리한 것이다. 하나님께서 우리에게 왜 이러한 강력한 무기를 주셨는지 이 글을 통해 여러분은 그 이유를 명확히 알게 될 것이다. 그로 인해 우리 모두가 삶의 궁극적 목표를 향해 나아가고 하나님의 영광과 그 이름을 위하여 주님 앞에 설 때까지 우리에게 주어진 삶을 온전한 승리로 이끌어 가기를 바란다.

 고린도후서 4:18

우리가 주목하는 것은 보이는 것이 아니요
보이지 않는 것이니 보이는 것은 잠깐이요
보이지 않는 것은 영원함이라

사도행전 2:1~4
"오순절 날이 이미 이르매 그들이 다같이 한 곳에 모였더니 홀연히 하늘로부터 급하고 강한 바람 같은 소리가 있어 그들이 앉은 온 집에 가득하며 마치 불의 혀처럼 갈라지는 것들이 그들에게 보여 각 사람 위에 하나씩 임하여 있더니 그들이 다 성령의 충만함을 받고 성령이 말하게 하심을 따라 다른 언어들로 말하기를 시작하니라"

1장
열린 방언의 세계

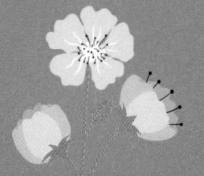

영의 언어, 방언이란 무엇인가

방언은 헬라어로 글로사glōssa라 하고 영어로는 텅스tongues라 한다. 방언은 사람의 의지로 내는 소리가 아니라 성령의 뜻에 따라 말하게 되는 언어이다. 이 세상에 존재하는 모든 언어는 의사소통을 위해 만들어지고 사용되는데 사람의 의식 속에 있는 생각들이 학습된 언어를 통해 밖으로 표현되는 것이다. 그러나 성령의 은사인 방언은 사람의 입에서 나오는 언어이긴 하나, 사람들과의 의사소통을 위한 것도 아니고 학습된 언어도 아니다. 오직 하나님과의 소통을 위해 존재하는 것이기에 사람들은 알아들을

수 없는 독특한 성격을 갖고 있다.(고린도전서 14:2)

로마서 8:26

이와 같이 성령도 우리의 연약함을 도우시나니
우리가 마땅히 기도할 바를 알지 못하나
오직 성령이 말할 수 없는 탄식으로
우리를 위하여 친히 간구하시느니라

이 말씀에 따르면, 방언이란 성령께서 우리를 위해 우리의 영혼에 영의 언어를 주심으로 우리가 그 영의 언어로 하나님의 뜻에 따라 기도할 수 있도록 친히 도와주시는 것이다.

그러면 그 영의 언어는 어디에서 왔는가. 방언은 이 세상 사람들에 의해 만들어진 것이 아니며 어디서든 배워 본 적 없는 언어로 기도하고 노래하는 것이다. 방언은 다름 아닌 하늘의 천국 언어이다. 즉 영의 세계에서 물리적 세계로 거침없이 들어온 이 언어는 거듭난 백성을 위해 주어진 하나님의 선물이자 하나님의 언어이다. 그런데도 주관자이신 성령은 우리의 의지를 받아들이신다. 그 말은 방언의 시작과 끝을 기도하는 사람의 의지력으로 그 기도를 통제할 수 있게 하시면서 동시에 성령의 인도하에 성도의 기도를 이끌어 가신다는 것이다. 이렇듯 성령의 도우심과 그분의 우리를 위한 기도로 인해 우리는 의지를 가지고 오래 기도할 수 있다.

고린도전서 14:2

방언을 말하는 자는 사람에게 하지 아니하고
하나님께 하나니 이는 알아 듣는 자가 없고
영으로 비밀을 말함이라

비밀은 특정한 사람하고만 나눌 수 있으며 친한 관계라야 이루어지는 것이다. 영으로 비밀을 말한다는 것은 하나님과 친밀한 관계이기 때문에 하나님과 비밀을 주고받는다는 것을 의미한다. 누가 원수와 비밀을 공유하겠는가. 방언기도의 모든 영역에는 비밀이 있고 그 내용은 사람과 마귀들에게 비밀이다. 오직 하나님만 아시는 내밀한 기도이다. 비밀 속에는 그리스도에 대한 비밀과 성도가 기다리는 주의 재림의 날도 하나님의 비밀에 속한 영역이다. "그 날과 그 때는 아무도 모르나니 하늘의 천사들도 아들도 모르고 오직 아버지만 아시느니라"(마태복음 24:36)고 했다.

재림을 기다리며 살아가는 성도를 위해 일하시는 분이 성령이시다. 방언은 성령으로 거듭난 성도들에게 주시는 성령의 은사이며, 살아가야 할 신앙 여정과 훈련 과정들이 남아 있기에 방언을 통해 하나님과의 소통 경로를 만들어주신 것이다. 그렇기 때문에 방언을 알아듣지 못한다는 것에 지나치게 매일 필요는 없다. 그것은 모든 것을 주관하시는 하나님의 뜻임을 믿고 기도하면 된다. 다만 기도 속에서 주어진 방언기도의 풍성함을 누리는 것이 중요하다는 것을 간과해서는 안 된다. 방언은 하나님과 일대일 소통을 할 수 있는 크나큰 선물이며 그 과정에서 자신을 일깨워주고 유익하게 만들어주기 때문이다. 그러나 옆에서 방언을 듣는 이들은 알아들을 수 없기에 아무런 덕이 되지 못하는 것도 사실이다.

방언의 특징

하나님의 선물이며 성령의 은사인 방언 속에는 다음과 같은 여러 가지 특징들이 있다.

첫째, 방언은 성령께서 주관하시는 소리이다.
그것은 우리의 의지나 생각과 상관없이 성령께서 우리의 혀를 주관하시어 혀를 통해 말하게 하심을 따라 밖으로 나오는 소리이다. 설혹 우리가 우리의 의지로 잠시 방언에 관여한다 해도 어느 순간 자신이 원했던 생각은 사라지고 방언 속으로 휘말려 들어감을 방언을 해본 사람이라면 모두 경험하는 일이다. 방언은 천사들에 의해 광속도로 하나님 나라로 들어간다.

둘째, 방언을 계속하면 영적 감각이 발달하게 된다.

그것은 성령께서 방언을 통해 사람의 영·혼·육을 치료하고 회복시키기를 원하시기 때문이다. 기도하는 성도는 성령의 만지심으로 인해 영적 사건을 분별하는 데 더 민감해지고 영이 예리해져서 마귀의 역사를 점차 분별할 수 있게 되고 영혼이 강해져 악성·죄성·육성을 벗어버리게 된다. 그 과정에서 성령께서는 하나님을 경험할 수 있는 환경까지도 조성하신다. 그런 경험을 통해 하나님의 역사를 알게 되고 하나님에게 더 가까이 다가가며 그분의 뜻에 순종하게 된다.

셋째, 방언은 진동과 파장, 주파수와 밀접한 관계가 있다.

특히 단마디 방언은 강한 진동과 주파수를 가지고 있는데, 이런 경우 치료 효과를 나타내는 것이 특징이다. 진동과 파장 그리고 주파수와 밀접한 관계가 있는 방언은 주로 성도의 정신적인 것과 마음 상태 등에 관여하고, 나아가 정신적이고 육체적인 DNA의 유전적·기질적 변화에도 관계한다.

넷째, 방언은 영적 전쟁, 송축, 감사, 간구, 고백, 중재의 성격이 포함되어 있는데 이러한 영역이 영계에서 어떻게 실재하는지 알아야 한다.

성도의 일반적인 기도, 즉 혼의 기도가 포함된 기도가 영계에 울릴 때 영계에서는 치열한 영적 전쟁이 벌어진다. 사단의 방해가 심해지면서 싸움이 치열해진다. 구약 성경에는 전쟁 이야기가 많이 나온다. 그런데 이것은 이스라엘 백성의 물리적 전쟁이 택함을 받은 성도들의 영적 전쟁이라는 것을 예표적으로 보여주는 것이라 할 수 있다.

예수님은 우리에게 성경을 통해 가감 없이 영적 세계의 정보를 주시면서 신앙생활 그 자체가 항상 영적인 전쟁 한가운데에 놓여 있음을 상기시키신다. 예수님도 역시 이 세상의 사역을 시작하심과 동시에 사단을 추방하고 깨뜨리는 영적 전쟁 속으로 들어가셨기 때문이다.

예수님도 그러하셨는데, 많은 그리스도인은 마귀의 속임수에 넘어가 전쟁이 끝났거나 휴전 중이라 착각하며 살아가고 있다. 그러나 모든 믿는 자들은 주를 믿으며 새로 태어나는 순간부터 그리스도 병사의 신분이 되어 각자의 영적 전쟁을 치러야만 한다. 이것이 보이지 않는 세계의 실제 상황임에도 보이는 세계가 전부인 양 그 전쟁에 임할 자세조차 갖지 않은 채 살아가는 것이 성도들의 현주소이다. 우리의 현실이 대적자들과의 영적 전쟁에서 진실이 벗겨지듯 항상 노출되어 있음을 잊어서는 안 된다. 그러므로 "항상 깨어 있으라"는 주님의 말씀을 기억해야 한다. 이 말씀은 성도가 탄탄한 방어력과 민첩한 공격력을 언제나 준비하고 있는 상태, 즉 대응력을 갖춘 상태여야 한다는 것이다. 그래서 우리는 영적 대응력을 극대화할 필요가 있다. 영적 대응력을 갖추기 위해서는 말씀과 기도가 무엇보다 중요한데, 말씀으로 화력을 갖추고 힘을 발휘하게 하는 것은 기도이다. 특히 방언기도가 그러하다.

시편 95:6

오라 우리가 굽혀 경배하며
우리를 지으신 여호와 앞에 무릎을 꿇자

방언 속에서의 송축, 즉 경배와 찬양의 위력은 대단하다. 이 영역은 주로 영찬양으로 나타나는데 영적 전쟁에서 승리의 역사가 나타난다. 역대하 20장 17절에는 "이 전쟁에는 너희가 싸울 것이 없나니 대열을 이루고 서서 너희와 함께 한 여호와가 구원하는 것을 보라"고 하셨다. 사실상 영적 전투 시에 보면 사단의 대열은 맥없이 흐트러지고 그들의 장벽도 부서지니 한 길로 왔다가 열 길로 흩어지는 격이다.

시편 50:22~23

하나님을 잊어버린 너희여 이제 이를 생각하라
그렇지 아니하면 내가 너희를 찢으리니 건질 자 없으리라
감사로 제사를 드리는 자가 나를 영화롭게 하나니
그의 행위를 옳게 하는 자에게 내가 하나님의 구원을
보이리라

성령은 성도가 방언을 하면서 감사한 마음이 일어나도록 도와주신다. 성도에게 일어나는 감사의 마음은 기도를 기도답게 만들어주는 힘이 있다. 그래서 감사는 기도의 허리라는 말이 있다.

성령께서 감사의 자리로 이끄시는 방법은 그동안 망각했던 하나님의 은총이 되살아나고 불평이나 불만, 불안한 상황들을 재조명할 수 있도록 해주시고 새로운 희망과 용기를 얻게 해주신다. 이렇게 기도의 참된 의미와 목적과 방향을 정할 수 있도록 인도하시는 것이므로 기도 후에는 마음에 안정과 평온이 찾아든다.

🕊️ **요한일서 1:9**

만일 우리가 우리 죄를 자백하면
그는 미쁘시고 의로우사 우리 죄를 사하시며
우리를 모든 불의에서 깨끗하게 하실 것이요

　성도가 죄를 지을 때 그 죄와 함께 불의가 우리를 얽어맨다는 사실을 기억하라. 그렇게 불의와 얽혀 있는 한 우리 삶의 현실은 불편해질 수밖에 없다. 불의, 즉 죄의 올가미가 계속 성도의 삶을 얽어가기 때문이다. 이 상태로 가다 보면 어려운 일들이 일어나는 것도 분명한 사실이다. 성도 자신은 이 사실을 제대로 직시하지 못한다. 이때 성령님은 성도의 기도 속에서 깨닫는 은혜를 부어주시어 스스로 고백하게 하신다. 어떤 사실을 깨닫는다는 것은 성령께서 주신 은혜이다. 성도의 고백은 매우 중요하다. 고백에는 통회, 자책, 회개, 신앙적 술회 등이 모두 포함돼 있다. 성령은 방언기도 속에서 이 모든 것을 흔들어내어 토하도록 도와주신다. 그리함으로써 은밀한 죄를 토하고 자신의 불신앙적 자세를 자각하고 완고한 고집을 내려놓게 하며 신앙적 은총의 고백을 통해 그들의 영혼이 하나님과 올바른 관계를 맺을 수 있도록 도우시는 것이다.

🌿 **히브리서 5:7**
그는 육체에 계실 때에 자기를 죽음에서
능히 구원하실 이에게 심한 통곡과 눈물로
간구와 소원을 올렸고 그의 경건하심으로 말미암아
들으심을 얻었느니라

　　간구는 영어로 supplication이며 간곡한 탄원, 애원이라는 뜻을 지녔다. 간구기도는 이렇듯 다급한 상황, 절실한 상황을 맞이하여 하나님께 그 사정을 탄원하고 해결해 주시길 애원하는 것이다. 마치 어린아이가 본능적으로 어머니의 젖을 요구하며 우는 것처럼 성도의 영혼에서 우러나는 본능적인 기도로서 가장 절절한 기도라 할 수 있다. 성도 안에 내재된 하나님 자녀의 속성과 성령님의 인도하심에서 우러나는 기도이다. 성령은 방언기도를 통해 깊은 영적 세계로 이끄시는데 이 속에서 성도에게 하나님의 은총으로 기도의 힘을 체득하게 도우신다.

🌿 **야고보서 5:16**
그러므로 너희 죄를 서로 고백하며
병이 낫기를 위하여 서로 기도하라

의인의 간구는 역사하는 힘이 큼이니라

중재의 기도는 그 목적이 타인을 위한 목적에 있는 것이 다른 기도와 차이가 있다. 중재기도는 그리스도인의 기도 가운데 가장 고상하고 차원 높은 기도라 할 수 있다. 이 기도는 다른 이의 영혼을 구원하는 생명의 문을 여는 능력이 있어야 가능하기 때문이다. 사무엘상 12장 23절에서 사무엘은 이스라엘 민족을 위하여 기도하기를 쉬는 죄를 범치 않겠다고 선언하고 있다. 그리스도인 누구에게나 이 소명이 있는 것은 사실이나 누구나 이 중재기도를 할 수 있는 것은 아니다. 성령의 인도하심이 명확할 때 가능한 것이다.

모든 전쟁은 하나님께 속한 것

1967년 6월 5일 이스라엘과 아랍 연합군 간의 전쟁이 발발했다. 그 당시의 전력을 비교해 보면, 아랍의 연합군대는 병력만 해도 12만의 정규군, 소련제 미사일과 800대의 로켓, 9,000대 이상의 탱크로 무장한 것에 비해 이스라엘은 1만 명의 정규군과 350대의 전투기가 전부였다. 당시 연합군대의 대표 통수권자인 이집트의 낫세르 대통령은 기자회견을 자청해 "이스라엘을 삽으로 떠서 지중해의 깊은 곳으로 날려버리겠다"고 호언장담을 하였다. 그런데 이 전쟁은 겨우 6일 만에 이스라엘의 승리로 끝나 버렸다. 그 결정적인 승리의 요인은, 이스라엘 비행단이 지상 45.6미터의 저공으로 날아서 적의 레이다망을 통과하면서 적의 모든 통신시설과 레이더를 파괴해 버렸기 때문이다. 이것을 시작으로 이집트, 요르단, 시리아, 이라크 등의 아랍 연합군대가 완전히 초토화되었다.

이 전쟁에서 보듯, 전쟁은 하나님께 속한 것임을 알 수 있다. 하나님이 작정하고 주관하시는 것에 따라 전쟁은 이기기도 하고 지기도 한다. 기드온의 300명 용사들이 미디안의 모든 군대를 파멸했듯, 숫자의 많고 적음은 하나님께는 무의미하다.

🌿 에베소서 6:17
구원의 투구와 성령의 검
곧 하나님의 말씀을 가지라

여기서 언급된 '말씀'은 헬라어로 '레마'이며 '검'은 예수님 당시에 모든 로마 병사들이 사용했던 짧고 곧은 칼을 가리킨다.

이때 사용된 '검'은 헬라어로 '마카이라 makaira'인데, 이것은 양면에 날이 선 짧은 단검일 수도 있다. 단검은 적군과 일대일로 밀착해 싸울 때 유용하게 사용되기 때문이다. 즉, 우리가 마귀와의 싸움이 벌어질 때 서로 가까운 거리에서 벌어지기에 이런 검이 유리할 것이다. 이 싸움의 거리가 가깝다 함은 무엇인가. 우리의 원수는 아주 먼 거리에 있지 않다. 거듭난 영혼의 내면과 그를 둘러싸고 있는 환경 안에 밀착되어 있음을 기억해야 한다. 이 구절에서 말한 '성령의 검'은 헬라어의 '레마'를 일컫는 것으로 곧 하나님의 말씀이다. 마귀와의 싸움에서 우리가 영적 전투에 돌입했을 때 하나님께서는 우리에게 성령의 검인 말씀을 반드시 주실 것이다. 하나님께서 주신 레마를 기억하라.

마태복음 4장 1~11절에는 육신의 정욕, 안목의 정욕, 이생의 자랑이 되는 것으로 주님을 공격한 예가 있다. 그중 한 가지를 들여다본다면 사단은 생명의 삶이 육적인 먹을 것에 있음을 강조해 주님을 공격했으나 주님은 사람의 생명이 하나님의 말씀에서 나오는 생기에 있음을 선포하셨다. 레마적 말씀의 검을 쓰신 예를 우리에게 잘 보여주는 대목이다. 그것은 상황과 상태에 따른 필요 적절한 말씀이다. 우리의 삶도 마찬가지이다. 사단은 인간의 연약성 속에서도 가장 절실한 것을 공격한다.

여호수아는 전투 중에 감동의 말씀으로 "태양아 기브온 위에 머물러라. 달아 아얄론 골짜기에 머물러라"(여호수아 10:12)라고 했고 그로써 태양도 멈추었고 달도 멈추었다.

기도는 현실을 놓고 영적 세계에 들어가 싸우는 전쟁이다. 우리의 현실은 하나님과의 관계, 사람과의 관계, 물질과의 관계와 밀착되어 있음을 기억해야 한다. 그러기에 반드시 상황에 따른 레마를 받아 말씀의 검으로 기도의 전쟁을 치러 당신의 영역을 고수하거나 빼앗겼던 땅을 회수해야 한다. 너무 흥분하지 말고 침착하라. 정신을 모아 승리를 취하기 위해 전투의 기본 수칙이 되는 의식의 갑옷을 차분히 점검하라.

성도는 영적 전쟁 앞에 서면 두려움을 가질 수 있다. 그러나 말씀과 기도라는 통신수단을 통해 하나님과 소통하므로 하나님의 지휘를 받을 수 있다.

성경에서 주님께서 귀신 들린 아이를 치료하신 후에 제자들이 자신들은 왜 그 아이를 고치지 못했는지 물었을 때 주님께서는 "기도 외에 다른 것으로는 이런 종류가 나갈 수 없느니라"(마가복음 9:29) 고 말씀하셨다. 이 말씀은 특별한 경우에 시행하도록 주님께서 제자들에게 지시한 일로, 즉 기도와 금식일 수도 있는 일을 제자들이 시행하지 않았다는 의미이기도 하다. 기도는 영에 속한 일이다.

거듭난 후 전쟁에 돌입하다

내게 늘 즐거운 것은 기도였다. 어느 날 기도 중에 사르르 눈이 열리는데 징그럽고 악한 영체들이 사방에서 기도하는 나를 향해 목을 치켜세우고 바람같이 달려오는 것이 아닌가. 나는 다시 눈을 꼭 감고 사정없이 방언을 했다. 그런데 묘하게도 그 영체들이 하나둘 쓰러져 힘을 못 쓰고 녹아내렸다. 그중 하나는 하늘을 향해 날아갔다. 후에야 그 영체들이 날쌘 리워야단 그 자체임을 알았다. 나는 처음 주님을 영접하면서부터 눈을 감고 싶지 않을 만큼 공격 형태의 악한 영의 움직임을 보곤 했다.

다섯째, 각종 은사가 활성화된다.

방언기도를 통해 성도는 하늘의 신령한 은사를 덧입는다. 성령이 역사하실 때 수많은 영적·육적 현상이 나타난다. 나타나는 현상들을 열거해 보면 진동이 온다, 몸이 뜨거워진다, 입술이 부풀어 오르는 느낌이 있다, 생소한 단어가 튀어나오듯이 뱃속에서 뭔가 치밀어 오른다, 손이 커지거나 길어지는 느낌이 있다(마치 엿가락처럼 늘어지는데 수십 킬로의 거리가 느껴질 정도로 길게 늘어나기도 한다), 시원한 바람이 손가락 사이사이로 스치고 지나간다, 뱃속이 뜨거워지고 공만 한 불덩어리가 돌아다니기도 하고 가슴이 뜨거워진다, 땀을 많이 흘리기도 한다, 깊은 임재 속에 갇혀서 꼼짝달싹을 못하거나 바닥에 눌어붙은 상태로 일어나지 못할 때가 있다, 발바닥 손바닥이 너무 뜨거워 차가운 물질에 식혀야 하는 경험을 하기도 한다. 이렇게 성령이 강하게 역사하심의 흔적이 있는데 이런 후엔 반드시 은사가 활성화된다.

내 팔이 길어지던 날

어느 날 성도의 기도 요청을 받았다. 교통사고로 뇌를 다쳐 중환자실에 누워 있는 환자 때문이었다. 뇌 수술을 해야 하는데 이유 없이 열이 너무 높아 6개 이상의 주삿바늘을 꽂아놓은 상태로 열이 내리기를 기다리는 중이었다. 병원으로 출발하기 전 새벽에 나는 마음에 부담을 느끼며 그 환자를 위해 기도했다. 그때 환상 속에서 내 팔이 길어지기 시작하더니 엿가락처럼 늘어나기 시작했다. 서울을 지나 의정부까지 팔이 길어져 간다. 너무 무거워 팔을 들 수가 없을 정도로 팔이 길어지는 것이 보인다. 내 몸의 팔은 그대로인데 말이다. 환상이 사라지고 난 후에 병원에 갔다. 중환자에게 내가 할 수 있는 일은 아무것도 없었다. 손을 얹고 긍휼을 주시라고 기도했다. 약 2분 정도 기도했을까. 그날 저녁부터 놀랍게도 열이 감쪽같이 사라져 다음 날 수술을 진행할 수 있었다.

왜 방언을 해야 하는가

고린도전서 14 : 18

내가 너희 모든 사람보다 방언을 더 말하므로
하나님께 감사하노라

사도 바울이 '더 말하므로'라고 말한 것이, 그가 각 나라 방언을 다 말할 줄 안다는 의미는 아닐 것이다. '더'의 헬라어는 '폴룬 polun'인데 이것은 '더 좋은', '더 많은'이라는 뜻을 가진다. 따라서 여기에서의 '더 말한다'는 의미는 방언의 양과 질을 뜻함을 알 수 있다. 즉, 바울은 양적인 면에서 다양한 방언을 구사했을 뿐 아니라 질적인 면에서도 수준 높은 방언을 했을 것이라 추측된다. 고린도전서 12장 10절에 쓰인 '각종 방언'은 이러한 다양한 방언을 이르는 말이다.

사도 바울이 더 많은 방언을 말하는 것에 대해 감사하다 한 것은 이미 그는 방언의 유익에 대해 매우 잘 알고 있음을 미루어 알 수 있는 대목이다. 우리가 이러한 방언을 왜 해야 하는지 그 이유를 살펴볼 필요가 있다.

첫째, 지속적인 방언은 우리 영혼을 새롭게 하고 소생케 한다.

이사야 28:12
너희는 곤비한 자에게 안식을 주라

여기에 나오는 '곤비'는 히브리어로 '야아프ya-a-f'로 그 뜻은 본래 기운이 없어서 심히 피곤하며 목이 마르고 영양이 부족하고 압제와 일에 지쳐 매우 피곤한 상태를 나타낸다. 즉 곤비는 피곤이 극에 달한 상태를 말하는 것이다. 이러한 영의 곤비한 상태는 지속적인 방언기도를 통해 그 영에 상쾌함을 되찾아주고 고

갈된 영혼이 충전되고 채워지며 무너진 마음이 세워지면서 새로이 보강·정비·보수·유지되는 것이다. 또 지속적으로 하늘로부터 주어지는 영적인 동기부여와 하나님에 대한 사랑을 키워나가게 됨으로써 우리의 영혼이 새롭게 소생하게 된다.

둘째, 방언기도를 할 때 성령께서 직접적으로 인도해 가신다.

로마서 8:14
무릇 하나님의 영으로 인도함을 받는 사람은
곧 하나님의 아들이라

예수그리스도에게 속한 자는 하나님의 자녀라는 관계에 들어간다. "영접하는 자 곧 그 이름을 믿는 자들에게는 하나님의 자녀가 되는 권세를 주셨으니"(요한복음 1:12)라는 말씀처럼 경이로운 특성 까닭에 마치 학생이 교사의 인도를 받고 여행자가 안내자의 인도를 받으며 군인이 상사의 인도를 받는 것과 같이 성도는 성령의 인도하심을 받는다. 이러한 인도는 하나님의 사랑의 줄에 의해 이끌려 간다. 사랑의 줄에 엮인 우리는 비록 갈 바를 알지 못할 때도 당황하지 않으며 위안과 격려와 힘을 얻는다. 이러한 성령의 인도하심은 참으로 멋진 일이 아닐 수 없다. 더군다나 우리는 영의 기도로 기도하고 그 시간 속에서 하나님과 대화하며 그분의 인도하심과 그분의 뜻을 깨닫게 되기에, 방언으로 기도한다는 것이 얼마나 중요한지 충분히 알 수 있다.

요한복음 16:13

그러나 진리의 성령이 오시면 그가 너희를
모든 진리 가운데로 인도하시리니 그가
스스로 말하지 않고 오직 들은 것을 말하며
장래 일을 너희에게 알리시리라

우리가 영의 기도를 할 때 그분의 인도하심으로 우리는 점점 성장하게 된다. 이때 영적인 안목이 생겨 이전에 보지 못하던 세계를 이해하는 계시의 정신이 들어온다. 이런 것들은 하나님의 마음과 하나님의 나라에 대한 이해의 폭을 넓게 하며 우리를 더 높은 계시의 세계로, 더 나은 차원으로 이끈다. 또 이러한 성장을 통해 우리가 부정적인 의식, 잘못된 생각이나 사고방식으로부터 점차 벗어나게 해준다. 이것이 사실상 사단으로 틈탈 기회를 주지 않게 되는 실제적 영적 정보라 할 수 있다. 그러므로 날마다 우리의 깊은 영 안에서 그것들을 점점 더 정확하게 경험하고 현실적으로 맞지 않는 상황이 되어도 감정을 버리고 성령의 인도하심을 직감적으로 받을 수 있는 것은 참으로 복된 일이다.

입학 원서가 날아가다

나는 갈 바를 몰라 갈등했던 때가 있었다. 신학교 입학을 앞두고 2년간 기도했다. 선택의 기로에서 두 곳의 원서를 가지고 있었다. 원서 마감 직전 주님은 한 통의 원서가 바람에 날아가는 환상을 보여주셨다. 내 마음이 좀 기울어졌던 곳이 있었으나 주님께서는 내가 다른 곳을 선택하길 원하시는 것 같았다. 주님이 이끄시는 대로 따랐다. 가보니 그곳은 이미 전에 환상으로 본 채플실의 모습 그대로였다. 주님은 나를 그렇게 인도해 가셨다.

셋째, 하늘나라의 일은 하늘의 언어로만 이해가 가능하다.

우리는 눈에 보이는 물질적인 세계에 살고 있다. 그러므로 필연적으로 물질적 세상과 관계를 갖는다. 우리는 어려서부터 습득한 이 땅의 언어로 우리의 의사를 표현한다. 그러나 보이지 않는 영의 세계에서는 이 땅의 언어만으로는 충분히 소통하거나 표현할 수 없는 것들이 있다. 그렇기에 인식의 한계를 아시는 하나님께서는 방언을 말하는 능력을 우리에게 부여하심으로써 우리에게 하나님과 소통할 수 있도록 길을 만들어주신 것이다.

그뿐만 아니라 우리가 사람의 말로 하나님께 기도하면 때때로 하나님께서 받아들일 수 없는 적절하지 않은 기도가 될 수도 있다는 사실을 간과해서는 안 된다. 왜냐하면 사람의 말로 기도하는 것은 영의 기도가 아닌 나의 생각과 인식에 근거한 기도이기 때문이다. 연약한 인간성을 가지고 있는 우리가 어찌 우리의 말로 영의 소원을 기원하는 온전한 기도를 드릴 수 있겠는가.

방언은 우리의 영이 하나님과 직접 소통할 수 있도록 주어진 하늘의 언어이며, 오직 하나님만이 이해할 수 있는 언어이다. 이러한 방언기도는 우리가 이 땅에서 이해할 수 없는 하늘나라의 모든 것들을 이해할 수 있도록 도와준다.

하나님은 방언을 통해 말씀과 꿈, 환상들, 양심, 영혼의 울림으로 깨달음을 얻게 해주실 뿐 아니라 우리를 하나님의 선의 세계로 들어가게 이끌어주시고 선한 삶을 풀어놓게 하신다. 우리는 하나님께 비밀을 말함으로써 초자연적인 표현을 통해 삶을 바꿔가는 것을 경험한다. 사람은 영적 존재이지만 육체적으로는 영의 영역에 살지 못한다.

넷째, 방언은 말하는 자의 속사정과 듣고 계시는 하나님의 뜻 모두 품고 있다.

많은 사람이 하나님의 뜻을 어떻게 알 수 있는지에 대해서 매우 궁금해 한다. 하나님은 가장 먼저 자신과 하나님의 뜻을 성경을 통해 우리에게 나타내신다. 그러므로 우리는 말씀을 통해 하나님의 궁극적인 뜻을 알아가며 우리가 성숙해가도록 인도하시고 깨닫게 하신 하나님 안에서 우리의 삶을 정결하게 꾸려나가야 한다.

한편 방언기도를 통해서도 우리는 하나님의 뜻과 마음을 알 수 있다. 방언기도 속에는 성도의 뜻과 하나님의 음성을 품고 있다. 성령은 그 기도를 우리가 이해할 수 있도록 통역해서 전달해 주신다.

필자는 기도할 때 이러한 것들을 자주 경험한다. 주로 우리가 해결할 수 없는 어떤 난제에 부딪혔을 때, 그 일을 어떻게 처리하면 좋을지 알려주시고, 또 그것을 해결할 수 있는 어떤 지혜를 주시기도 한다. 때론 그 일에 대한 어떤 독특한 느낌으로 알려주신다. 그리고 동시에 어떤 도움의 손길이 기적처럼 나타난다.

그뿐만이 아니다. 방언기도를 할 때 하나님의 뜻을 드러내는 신호가 올 때가 있다. 갑작스러운 깨달음이나 지혜 같은 것으로 오기도 하는데, 이럴 때는 지나쳐 버리지 말고 그것을 바로 실행에 옮기는 것이 매우 중요하다. 그것은 성령의 인도하심을 적극적으로 동의하고 이행하는 것이 되기 때문에 성령은 그것을 기억하시고 성령으로 주어지는 보상이 피드백으로 온다.

처음 방언이 임하던 날

방언을 받고 싶어 기도원에 간 적이 있다. 울창한 잣나무 숲 아래 앉아 기도하는데 밤이 새도록 기도가 나왔다. 민족을 위한 중보기도였다. 다른 때보다 간절함이 더 했던 기억이 있다. 기도 중 머리 2~3미터 위에서 플래시 같은 강한 불빛이 계속해서 터졌다. 그래도 방언은 받지 못하고 귀가했다. 그 이튿날 새벽 기도 시간에 입이 열려 방언을 하는데 의심을 했다. 이게 제대로 한 게 맞는지 몰라서였다. 그런데 날 안심시키시려는 듯 찬양으로 '나 같은 죄인 살리신'이 방언으로 흘러나왔다. 감동적이었다. 큰 기쁨과 평안이 나를 뒤덮었다.

재정은 공급의 원리이다

아주 오래전 재정적 어려움이 있었던 시절이 있었다. 그러나 재정적 회복을 간절히 구한 적이 없다. 다만 주님께서 어떻게 이 일에 개입하실까 궁금하긴 했다. 성경 속 인물들의 믿음의 삶이 곧 우리 자신의 삶이라는 것을 믿으니까. 놀라운 것은 하나님은 항상 움직이고 계신다는 것이다. 하나님은 누군가의 마음을 움직이셨다. 일면식이 있을 뿐인 이가 다가와 내게 은행 계좌를 물었다. 단번에 내가 가지고 있는 재정의 20배를 주셨다. 친절하신 나의 주님은 서프라이즈로 놀라움의 축복을 주고 싶으셨나 보다. 그래서 나는 놀라움으로 그분께 반응했다. 주님의 일은 늘 놀라웠다. 주님께서는 모든 일을 이미 수립해 놓으시고, 공급할 수 있는 모든 네트워크를 마련해 놓으시고, 최적의 시기에 우리에게 응답으로 내놓으시는 것이다. 우리 삶 속에서 성령의 사인 같은 움직임을 항시 주목해 보자.

다섯째, 영의 기도는 영혼의 어둠의 영역을 부수고 없애준다.
인간의 언어로 기도할 때는 우리가 생각하는 것만 기도할 수 있으나, 방언으로 기도할 때는 우리가 생각지 못한 것들까지 기도할 수 있다. 그 속에는 현재의 의식에서부터 억압된 무의식에 이르기까지의 모든 내용이 포함된다. 이때 무의식 속에 저장되었던 여러 가지 상처, 분노, 아픔, 괴로움, 부정적인 기억들이 수면 위로 떠오르듯 의식의 영역으로 밀려 나오고 주님은 그것들을 차근차근 제거해 가신다. 영의 기도를 통해 어루만지심으로 응어리진 마음을 풀어내시고, 어둠에 갇힌 영혼을 끌어내시고, 굳어진 사고의 틀을 부수어내 재설정하시고, 하나님 나라에 관련된 이해력을 확충해 주신다. 사람 마음의 생채기는 전 인격에 영향을 미치기에 때론 육체적 무력감과 통증까지 동반하기도 하는데, 위로를 주시는 성령으로 말미암아 영혼의 깊은 자유를 누리게끔 인도하신다.

특히 방언기도를 통해 상처받은 심령을 만져주신다. 상처를 안고 있는 사람들은 영적 무력감이나 채워지지 않는 허전한 마음과 영혼의 위로를 받지 못해 육신적으로 무력해져 통증까지 동반할 수 있다. 마음의 생채기라는 것은 전인격에 영향을 미치기 때문에 이러한 생채기는 영혼의 아픔을 온몸으로 호소한다. 성령에 의해 이끌리는 영의 기도는 보혜사 성령의 손길을 잡아끌어 위로해 주신다. 그분의 따뜻한 위로의 손길에 깊은 영혼의 통증은 녹아내리고 그 자리에 평온의 향기를 가득 품은 여러 가지 형태의 꽃잎들이 뿌려진다. 이것은 필자가 치유 사역을 할 때 주의 천사들의 사역으로 자주 보는 광경이다. 이럴 때는 깊은 상처로 마음이 아픈 성도를 성령님은 치유의 선물로 흔적을 남기듯이 꽃잎을 흩뿌려 주시곤 한다. 그 이후 놀랍게도 상처 입은 마음이 치유되었다는 간증을 듣는다.

여섯째, 방언기도를 열심히 하면 하나님의 임재가 당신에게 끌려오게 된다.

항상 기도하는 사람, 특히 영의 기도를 하는 사람들은 어디에 있든 어느 때든 주님과의 교제가 그치지 않는다. 우리의 심령을 하나님의 임재로 늘 충만하게 만들자. 가능한 일이다. 우리의 영혼이 깨끗한 양심 속에 있다면 더욱 존중할 일이다. 왜냐하면 끊임없이 기도하는 자들은 하나님에 대한 마음이 하늘을 향해 열려 있고 그분께 안테나를 고정하고 있기 때문에 그를 둘러싼 영적인 분위기는 자연스레 신령스럽게 바뀐다. 그러므로 의식화된 동행은 하나님의 임재를 느끼고 하나님 안에서 살고 움직이는 법궤가 되어 그것을 끌고 다니게 된다. 이런 상태가 되면 삶의 문제들이 자연스레 풀어지는 놀라운 능력과 역사가 일어난다.

성령의 나타나심. 천사가 일하다

심방을 할 때마다 주의 성령께서 그 장소를 청소하심을 보곤 한다. 천사들의 움직임을 보면 반드시 그 장소의 어둠을 몰아내고 처리하신다는 것이다. 한 예를 들어본다. 한 가정에서 예배를 드리는 동안 이유 없이 머리가 아픈 성도의 영적 상태가 보였다. 영으로 볼 때 그 머리가 반으로 갈라져 그 속에는 온통 구더기들로 가득했다. 더럽고 악한 영이 뿌려놓은 흔적인 것은 틀림없었다. 그것을 기도로써 처리했는데, 그 이튿날 깨끗이 나았음을 전해 들었다. 심방 시에 집사님의 삶에 깊숙이 들어온 귀신의 역사가 떠나는 것을 보기도 하고, 예배드리는 동안 천사들이 그 가정의 사단의 영체를 묶어 끌어내기도 한다.

귀신이 철창에 갇히던 날

가정을 방문해 예배를 드리는 중에 긴 머리에 흰색 셔츠와 검은 바지를 입은 악한 영체가 가슴에 보따리를 들고 일어나 나가는 모습이 보였다. 어찌해야 하나 순간 당황했다. 그런데 그 악한 영체는 어느새 2~3킬로 떨어진 삼거리에서 두리번거리며 서성인다. 나는 기도를 드리면서 '눈에 보이니 예수님께서 어떻게 해주세요'라고 생각으로만 말씀드렸다. 그 당시는 귀신 쫓음에 대해 등한시할 때였다. 순간 하늘에서 철창이 내려오더니 그 영체를 가두고 하늘로 끌고 올라가는 것이 아닌가. 나는 그 광경이 너무나 신기했다.

일곱째, 방언은 잠자고 있는 능력과 은사를 휘저어놓는다.

우리는 성령을 받은 자들이고 능력의 성령님은 우리 안에 내주해 계신다. 그것은 다른 말로, 우리 모두 하나님께서 주신 은사를 가지고 있으나 그 은사와 능력이 활성화되지 않은 상태로 잠들어 있다는 것이다. 그렇다면 어떻게 해야 그것들이 활성화될 수 있을까. 영의 기도를 하는 것이 한 방법이다. 영의 기도를 계속하면 그 속에 있는 능력과 은사들이 휘저어 끌어올려지고 불이 일듯 일어나면서 그 영역을 지배하게 된다. 이것이 기도를 최소한 몇 시간 동안이라도 계속해야 하는 이유이다.

여덟째, 방언기도를 할 때 성령께서 영적 상태를 조정하신다.

잠언 20:27
사람의 영혼은 여호와의 등불이라
사람의 깊은 속을 살피느니라

사람에게는 고귀한 기능인 양심이란 게 있다. 양심은 영혼 속에 있는 하나님의 대리자로서 하나님에 의해 점화된 등불이며 하나님을 위해 빛을 발하는 등불이다. 우리가 방언으로 기도할 때 하나님의 영은 빛을 발하며 사람의 영 속에 전파를 보내는데, 이때 성령께서 영혼의 취향과 애착을 두루 살펴서 좋은 점은 칭찬하고 그분의 뜻에 어긋나는 것은 정죄하면서 심령의 생각과 의도를 판단하신다. 우리는 결국 하늘 보좌에서 나오는 은총과 가르침 그리고 삶의 방향과 우리에게 주시는 말씀을 받으면서 그분의 빛에 의해 조정되어가는 것이다. 인간의 영혼은 이해력을 가진 존재로서 영적 존재와 소통할 수 있는 능력을 가지고 있다. 인간에게 명철함을 주는 것은 전능자의 영감이다. 이 영감은 영을 통해 우리를 인도한다.

성령님에게 부끄러움을 당하다

나는 많은 상처를 가진 사람 중 하나이다. 대단히 내성적이고 소극적이면서도 강해지려는 욕구가 강한 편이었다. 관계에 서툴고 강직하고 반듯하나 부드러움이 적었다. 속사람은 한없이 온유하고 지나친 배려심은 손해 본 감정에 휩싸이게 하는 데 한몫한다. 반면에 상냥하고 친절하지 못한 것이 성령님은 싫으신가 보다. 매번 성령님은 다가오셔서 그것을 버리게 하신다. 정확한 이유를 알게 하시고 그 점을 부끄럽게 여기도록 하시는데 그분은 전문가시다. 피할 수가 없다. 그렇게 소리 없이 나를 조금씩 고쳐 가셨다.

아홉째, 방언기도는 과거, 현재, 미래를 넘나들며 부정적인 모든 것을 파쇄한다.

깊은 방언기도는 엄청난 에너지를 품고 있는 진동과 파장을 동반하는데 이것은 모든 부정적인 에너지를 파쇄하는 탁월한 영적 능력이며 우리의 영적 전쟁을 수행하기 위한 무기이다. 이러한 능력은 우리가 알지 못했던 부모의 가계를 포함한 과거의 모든 묶임을 해체하고, 현재 우리 주위에 있는 부정적인 죄성·악성·육성에서 나온 모든 문제를 파쇄하고 더불어 우리 미래의 길을 닦아나가도록 인도한다.

허겁지겁 도망치는 가계의 영들

어느 날 기도 중에 나의 어머님의 가계를 보여주셨다. 그 영들은 하나같이 모두 살기로 가득했다. 집안 식구들을 놓지 않으려는 듯 험악한 자세를 취하고 있었다. 나는 대문을 힘껏 발로 차며 들어가면서 나도 모르게 우렁찬 소리로 호령호령하였다. 뭔지 모르지만 사단들을 향한 호령 소리였다. 순간 악한 영들이 혼비백산하여 가계로 보이는 곳에서 뛰어나가고 또 쓰러지고 검은 동굴 속으로 빨려 들어가 그곳은 완전히 폐허가 되어 무너져내리는 것을 보았다. 많은 시간이 지난 후 어머님은 나에게 세례를 받으셨다.

🖋 비난과 협박이 있던 날

어느 날부턴가 전화 한 통을 받았다. 나의 사역에 대하여 의심과 비난이 섞인 괴롭힘의 전화였다. 정확하게 밤에 기도할 시간만 되면 전화가 왔다. 묘한 두려움이 몰려왔지만 대수롭지 않게 여겼기에 며칠 버티어냈다. 그러나 점점 강도가 세졌다. 나는 하나님께 여쭈어보기로 했다. 엎드려 '이것이 무엇인가' 곰곰이 생각하며 주님께 집중했다. 어느 순간 눈이 열리는데 교회 계단 옆 구석에 악한 영체가 분을 잔뜩 품은 모습으로 으르렁거리고 있었다. 그 순간 나는 의문이 들었다. 분명 예전에 교회를 지키는 천사가 있다고 했고 만나기도 했다. 그런데 어찌하여 저런 악한 영이 교회 계단에 자리 잡고 분을 품어내고 있단 말인가 하는 생각이 들었다. 그 천사의 직무에 대해 생각하고 있는데 바로 그때 공중에서 천사의 긴 장대가 나타나더니 악한 영의 정수리를 단번에 공격하여 번쩍 들어 4킬로미터 정도 밖으로 치워버리니 그대로 녹아 없어져 버렸다. 그날 이후 아무리 기다려도 괴롭힘의 전화는 다시 오지 않았다.

열째, 방언기도를 하면 영적 세계를 경험한다.

방언을 통해 성령님은 사람의 영·혼·육을 치료하고 회복시키길 원하신다. 우리의 기도를 통해 영혼을 만지시는 성령님은 우리가 하나님의 형상을 닮아가도록 영혼을 이끄시고 그 상태를 유지하며 살아갈 수 있도록 도우신다. 그 과정에서 영적 세계를 경험할 수 있는 환경까지 조성하신다는 사실을 기억해야 한다. 성도의 기도는 곧바로 영계로 진입해 날아들어 천사들의 금향로에 담기고 하나님의 보좌 앞 향로에 부어진다. 이렇게 기도의 향기가 하나님을 자극할 것이다.

하늘 보좌를 향해 움직이는 기도

나는 청년기부터 성전에 올라가 기도한 적이 많다. 기도할 때 하늘이 열리고 기도의 향이 일직선으로 하늘로 이어져 올라가는데 푸른빛에 가까운 빛으로 아주 빠른 속도였던 것으로 기억한다. 천사의 소리와 함께 방언으로 찬양이 풀어졌는데 "508장 우리가 지금은 나그네 되어도 화려한 천국에 머잖아 가리니" 그 순간은 나의 소리가 맑고 투명하게 울렸던 것을 기억한다. 그 당시 나는 그 찬송에 대해 몰랐었다. 이튿날 찬송을 찾아보고 나서야 알게 되었고 그 가사는 나에게 평생 기억되는 은혜의 메시지로 남았다.

✎ 열린 하늘 머리에 이고

이느 날 나를 중심으로 넓게 원통형으로 하늘까지 뻗친 열린 통로를 보았다. 그 환상은 10일 정도 계속적으로 열렸는데 내가 이동하는 대로 언제나 나를 중심으로 열린 통로를 이고 다니는 형국이었다. 그러던 어느 순간 갑자기 시커먼 영체가 주변에 나타나 원통 안으로 들어오려는 듯 쏜살같이 부딪치는데 순식간에 그 영체는 수 킬로 밖으로 튕겨 날아가 버렸다. 그때 이것이 무엇인지, 왜 그런 일이 일어나는지 나는 영적으로 모든 것이 이해되었다. 매번 주 성령께서는 그런 식으로 나를 가르치셨다. 원통은 기도의 영향력으로 둘러싸인 영의 힘이다. 마치 기도로 둘러싸인 담과 같다. 그것 자체가 기도의 보호막인 셈이다. 그 힘에 의해 악한 영체는 기도의 벽을 뚫지 못하고 가까이 다가오자마자 어떤 힘에 의해 멀찍이 밀려난 것이다. 기도의 힘이 어찌 이것뿐이겠는가.

🖋 천사의 방문

하루는 천사가 방문했다. 기도처를 마련하고 기도하던 중에 천사의 방문을 받은 것인데 그땐 장년 세 명과 아이들 세 명이 함께 기도하고 있었다. 환상에 천사가 보이는데 보통 4~5층 높이의 키가 엄청 큰 천사였다. 팔짱을 낀 상태인데 그 품 안에는 긴 장대를 안고 있었다. 무척이나 반듯하고 편안하고 근엄한 모습이었다. 무섭지는 않았다. 나는 혼자 이런저런 의문을 가지면서 생각하고 있는데 마음속에 이런 말이 들려왔다. "나는 교회를 지키는 천사입니다. 내 이름은 '맥시'입니다"라며 내게 존댓말을 썼다. 그 천사는 교회 천장이 안 보이는 상태에서 일직선으로 난 공중에 떠 있는 모습이었다. 나는 너무 황망하면서도 덤덤했다.

나는 작은 사무실 안에 앉아 있는 그 천사를 또 보게 되었다. 두 번째 보았을 때 생각했다. '이런 상황은 뭐지? 천사인가? 지난번에 본 천사는 뭐지?' 그 순간 천사의 음성이 다시 내게 들렸다. "내가 그요." 나는 천사에 대해 머릿속으로 생각만 했을 뿐인데 그의 답을 들은 것이다.

열리는 영적 세계

나는 영계가 열린 기억이 세 번이나 있다. 여러 환상을 보았다. 모두가 나를 돌아봐 깨닫게 하고 하나님께 더 집중할 수 있도록 나를 흔드는 것 같았다. 신비한 환상들이었다.

나는 예배와 교회 생활에 모범생이라면 모범생이었다. 그리고 무엇보나 주님을 온전히 믿고 의지했나. 그 신뢰는 모든 깃을 할 수 있는 힘이 되었다. 많은 성도가 영적 경험을 한다. 하나님께 기도하면서 우리는 영계의 실재를 경험하게 된다. 성령님은 성도의 기도가 시작되면 하늘나라 채널에 고정시키려 하신다. 마귀의 방해에도 불구하고 영적 안테나를 높이고 하늘로부터 오는 신호를 받도록 우리를 고무시킨다. 기도는 바로 영계로 진입하는 길이고 진입된 이후에는 다양한 영적 세계를 경험하게 된다.

하늘에서 들려오는 격려의 소리

내가 기도할 때 의식과 무의식의 경계에서 비몽사몽 간에 멀리서 외치는 소리가 들려왔다. "마태복음 7장 7절"이라는 세 번의 외침이었다. 그 속에 간절함이 담겨 있다고 느꼈다. 당시에 나는 그 구절을 들어본 적이 없었다. 후에 나는 이것이 천사의 격려 소리라 여겨졌다.

마태복음 7:7

구하라 그리하면 너희에게 주실 것이요
찾으라 그리하면 찾아낼 것이요
문을 두드리라 그리하면 너희에게 열릴 것이니

비둘기 형상의 임재 아래서

나는 항상 강단 바로 앞에 자리를 잡고 기도를 한다. 새벽 기도 중에 잠시 졸았던 것 같다. 엄청 큰 비둘기 형상이 2미터쯤 위쪽에서 날개를 편 채 빙빙 돌고 있는 것을 보았다. 눈이 부시도록 희고 빛이 났다. 오히려 나는 나 자신을 의심했다. 성경에 주님께서 세례를 받으실 때 성령께서 비둘기 형상으로 내려앉은 기록이 있다. 그래서 그런 일은 주님께만 일어나는 일이어야 하지 않은가. 누군가에게 그런 얘기를 차마 하지 못했으나 성령의 은총에 깊이 깊이 감사했다. 날마다 더욱 열심히 기도의 자리에 이끌렸다. 그날이 기억될 때마다 나는 자세를 바로 하게 된다.

✒ 휴거의 장면을 보다

기도 중에 세상의 마지막 날처럼 보이는 장면을 보았다. 나는 공중에 있는데 땅 위의 사람들은 온통 전쟁으로 인한 폐허 속에서 아우성, 괴로움, 고통 그 자체였다. 당시 나뿐 아니라 많은 사람이 높은 영역에 서 있는 듯했으며 그곳에서는 아래가 훤히 내려다보였다. 휴거라는 깨달음이 왔다.

✒ 수많은 열쇠가 한 줄로 내려와 내 정수리로 들어오다

나는 기도 중에 하늘에서 내려오는 열쇠 줄을 보았다. 손으로 잡아보려 했지만 잡히지 않아 안타까워하며 지켜보고 있었다. 그러던 중 열쇠로 연결된 줄이 다시 번쩍 올라가더니 내 머리 정수리를 겨냥해 그대로 스며들었다. 얼마나 놀랐는지 외마디 소리를 내었다. 그날 이후로 집회 시에 다른 이들을 위한 기도를 할 때 그들에게 열쇠가 들어가는 것을 보곤 한다. 열쇠를 받은 분들은 반드시 삶의 환경이 열리는 역사가 동반되었다.

✒ 부유의 기름부음이 있던 날

집회 중이었다. 영안이 열리면서 교회 안의 모습이 보였다. 온통 황금빛에 물든 것 같은 분위기로 신비함을 자아냈다. 교회

바닥은 온통 황금 덩어리로 깔려 있었으며 그 사이사이에 열쇠들이 쫙 놓여 있었다. 그날부터 발바닥에 금가루를 묻혀가는 사람, 자동차 바퀴에 세 덩어리의 금을 묻혀가는 사람, 손에 한주먹의 금을 쥐고 가는 사람, 자전거 뒤에 금을 싣고 가는 사람 등등 그들은 모두 그 분량만큼 재정이 열리는 것을 경험했다는 간증을 들었다.

✒ 가난한 개척교회 목사의 이름도 주님의 손에

주님께서 내가 병상에 있을 때 처음 방문하셨는데 나는 주님의 모습을 더 자세히 보여달라고 청했었다. 그러자 주님께서 "아직은 때가 아니다"라고 하시며 뒷모습만 보인 적이 있었다. 4년이 지난 어느 날 집회 시간이었다. 갑자기 주님 같으신 분이 강대상 의자에 앉아 계신 것이 보였고 그 손에는 다이어리 같은 수첩을 들고 계셨으며 거기엔 집회에 참석한 개척교회 목사님들의 이름이 적혀 있었다. 그중 한 목사님은 당시 심각한 교회 문제를 안고 계신 분이셨는데 주님 같으신 분이 일어나시어 그 목사님 쪽으로 가시더니 그분의 머리에 손을 얹고 안수하시는 모습이 보였다. 내가 그 상황을 설명해 드렸더니 그분은 통곡하며 우셨다. 그다음 날 그분의 문제가 해결되었다는 전화를 받았다.

열한째, 방언기도는 오감과 영감을 활성화시킨다.

사람은 몸에 오감을 가지고 있고 그 오감을 통해 외부로부터 정보를 얻는다. 예를 들면 미각을 통해 맛을 알고 후각을 통해 냄새를 구별한다. 이와 같이 영에도 감각이 있고 그 감각을 통해 활성화가 이루어진다. 영의 기도는 이 감각을 활성화시킬 수 있다는 말이다.

뇌 과학자 하워드 가드너에 따르면 사람은 8영역의 지능을 가지고 있다고 한다. 즉, 사람에게는 언어 능력, 수리 능력, 공간 능력, 신체 운동 능력, 음악 능력, 대인관계 능력, 자기성찰 능력, 자연 친화 능력을 위한 공간이 있다. 여기에 또 다른 특이한 공간이 여러 과학자들에 의해 발견되었다. 그 영역을 사람의 두뇌를 연구하는 두뇌 과학자들은 'God spot'이라 명명했다. 이곳은 사람의 귀 위쪽에 자리 잡고 있는데 과학자들이 연구하다 보니 하나님에 관한 이야기나 영적인 이야기가 들려올 때 이 영역이 굉장히 빠른 속도로 반응했기 때문이다. 과학도 그 영역을 활성화할 수 있음을 증명하고 있는 셈이다.

영의 기도를 하면 성령님은 이런 영적 감각기관을 활성화시키면서 영적인 정보가 전달되도록 하신다. 영적인 정보가 들어올 때는 우리가 이해할 수 있도록 육체적 오감을 통해 정보를 받아들이게 하신다. 예를 들면 영의 기도를 할 때 어떤 영역과 마주치게 되면 소름이 끼치게 되면 그것은 두려움, 억압 등의 기운과 마주치게 됨을 알게 된다는 것이다. 또 눈물이 난다든지 웃음이 터진다든지 하는 것은 다른 영역과 마주하게 된 것을 말한다. 여러 가지 영적이고 정신적인 영역이 활성화되면 우리의 삶이 은혜로 충만해지고 주님으로 가득 채워지게 될 것임을 믿어 의심치 않는다.

사역을 하다 보면 각종 냄새를 맡게 된다. 이것은 영적 상황에서 실체에 대한 정보를 주는 것이다. 그것을 통해 현상을 보면 본질을 알게 되고 본질을 알면 현상을 알게 된다. 이것은 성령께서 일종의 정보를 주시는 것이다. 이처럼 영적 세계의 정보를 얻는 방법이 오감을 통해서 주어진다. 또 어떤 영적 정보는 온몸으로 알게 된다. 성령에 의해 전해지는 것이라 그냥 알게 되는 것이라고 표현할 수 있다. 이러한 것을 통상 '지식의 은사'라 말하기도 한다.

어떤 성도의 몸에서 구린내가 진동하다

열심히 교회에 출석하는 어떤 성도가 기도를 받기 위해 나를 찾아왔다. 정신질환을 앓고 있는 아들이 있다고 했다. 그분은 나에게 기도를 받은 후 황급히 방을 나가셨다. 왜 그러는지 이유를 알 수 없었는데 그 후에 전화가 왔다. 기도 받는 동안 자신의 몸에서 진동하는 구린내 때문에 부끄러워 견딜 수가 없어 뛰쳐나간 것이라고 고백했다. 이것이 영적 세계이다.

방언의 중요성과
방언을 대하는 태도

성령은 방언을 통해 우리의 영혼을 만져주신다. 이제는 우리의 영혼에 영향을 미치는 방언의 중요성에 대해 살펴보자. 그리고 방언기도를 대하는 태도는 어떠해야 하는지 생각해 보자.

1) 방언의 중요성

첫째, 영의 기도를 하면 우리 영혼의 상태는 건축되고 단단히 세워진다.

방언기도는 힘이 없는 우리의 영을 튼튼하게 해주고 어떠한 영역을 늘리고 넓혀서 크고 단단하게 세우는 역할을 한다. 마치 빌딩을 세울 때 튼튼하게 골조를 세우고 나가듯 내면의 세계를 탄탄하고 조밀하게 만든다.

둘째, 영의 기도는 영혼의 상태를 점검하고 유지 보수한다.

방언기도를 하면 성령의 빛이 조명하심으로 영·혼·육의 영계 상태를 점검할 수 있다. 성령의 빛에 의해 의식세계 속에서 깨달음(覺)이 일어난다는 말이다. 그러므로 옛 모습으로 되돌아갈 수 있는 변화되지 않은 영역을 바로잡아 지속적인 신앙의 양호한 상태를 유지하게 한다. 필자는 이것을 유지 보수 영역이라 명명한다. 이 영역의 기능을 제대로 하려면 많은 시간이 필요하다.

셋째, 영의 기도는 새 생명을 불어넣는 기능을 한다.

방언기도를 하면 우리가 지쳐 있을 때 새로운 상태로 변환을 일으켜 피곤한 영혼에 활력소 같은 천국의 자원을 베푼다. 어둡고 무거움에서 벗어나는 방법을 우리에게 가르쳐주고 하나님의 생기를 다시 찾게 해준다. 잃어버린 첫사랑을 찾은 듯 솟아나는 흥분과 영감이 새로운 동기부여가 되어 심령을 부흥케 하는 생명력으로 충만하게 된다.

넷째, 영의 기도는 '메워서 채운다'는 뜻이다.

텅 빈 내면세계의 공허함을 메워주고 죄로 인해 틈이 벌어진 영혼의 약한 부분을 채우고 막아준다. 방전된 듯 영혼의 상태가 파리해졌을 때 우리 영을 충전으로 전환시키는 기능을 한다. 완전함에서 볼 때는 부분적이지만 성령의 기름부으심으로 일어나는 불의 동력은 새 힘과 넘치는 에너지로 우리 내면을 지혜로, 생기로, 힘으로, 믿음으로 충분히 채울 수 있다. 우리의 영혼이 활발히 기능할 수 있도록 돕는다.

2) 방언을 대하는 태도

방언은 철저히 하나님의 선물이다. 그러나 말씀을 등한시하면서 은사 중심의 신앙생활을 추구한다면 교만으로 넘어질 수 있음을 명심해야 한다. 항상 말씀 안에서 성령님께 조명받으며 은사를 주신 성령님의 마음에 합한 삶이 되도록 노력해야 한다. 그러므로 가장 기본이 되는 말씀의 의식화와 기도의 생활화가 균형을 이루면서 거룩한 삶을 살아갈 때 우리에게 비로소 영권이 주어진다. 방언을 비롯한 은사들은 하늘에서 온 선물이기에 받은 선물은 하나님의 나라를 세우고 하나님께 영광을 돌리며 잃어버린 영혼들을 위해 사용해야만 하는 것이다. 결코 자신의 영적 욕심을 위해 존재하는 것이 아님을 분명히 해야 할 것이다.

방언에 의문을
제기하는 까닭

간혹 방언에 대해 여러 가지 의문을 제기하는 사람들이 있는데, 이것은 이 기도의 중요성과 유익을 모르기 때문이라 할 수 있다. 왜 방언으로 기도해야만 하는가에 대한 의문을 가지는 자들은 실상은 방언으로 기도하지 않는 자들에게서 나오는 경우가 대부분이다. 방언을 하는 사람들은 기도 속에서 그들의 영에 나타나는 현상을 느끼고 체험으로 알게 되므로 별다른 의문이 들지 않는다.

🌿 **마가복음 16:17**

**믿는 자들에게는 이런 표적이 따르리니
곧 그들이 내 이름으로 귀신을 쫓아내며
새 방언을 말하며**

　이 구설에서 우리가 유추할 수 있는 것은, 주님께서 우리에게 영적 세계에 대한 정보를 가르쳐 주신다는 것이다. 즉, 주님 안에서 거듭난 자들에게 주어지는 방언은 자신도 인식하지 못한 상태에서 하늘나라의 말을 한다는 뜻이다. 그 방언은 복음에 관련된 말을 함으로써 듣는 이에게 복음을 이해시키는 성령님의 사역이거나 방언을 말하는 자의 영계를 싸고 있는 영적 세계와 물리적 현실에 관련된 내용을 하늘나라의 말로 들려주시는 것이다.

　그러나 방언을 말하지 않는 자들은 영적 세계를 아무리 설명해도 이해하지 못한다. 비록 성경 전체가 영의 세계를 말하고 있음에도 깨닫지 못하고 보지 못하는 그 세계를 어찌 이해하겠는가. 방언이 영적 세계를 여는 관문인데, 방언을 비판하고 방언하는 자를 무시하면서 성령의 사역을 어찌 다 이해할 수 있겠는가. 보이지 않는 자들에게는 그저 이상한 소리를 발하는, 의미 없는 소리를 발하는 자들로밖에 보이지 않을 것이다.

🌿 요한복음 3:16

하나님이 세상을 이처럼 사랑하사

독생자를 주셨으니

이는 그를 믿는 자마다

멸망하지 않고

영생을 얻게 하려 하심이라

🌿 로마서 5:8

우리가 아직 죄인 되었을 때

그리스도께서

우리를 위하여 죽으심으로

하나님께서

우리에 대한 자기의 사랑을

확증하셨느니라

방언의 종류

1) 대신방언

방언은 나의 영이 성령의 도우심으로 하나님께 직접 전하는 천국의 언어를 말하는 것이며, 우리가 하는 대부분의 방언은 대신방언에 해당한다. 대신방언은 고린도전서 12장에 나오는 하나님의 은사 중 하나로 표현된 것이다. 하나님은 인간이 혀의 놀림을 통해 내는 신음 소리조차도 그 뜻을 놓치지 않으신다. 아벨의 피 소리를 들으신 하나님이시다. 대신방언은 사람이 알아들을 수 없기에 비판의 대상이 되기도 하지만, 성령의 말하게 하심을 따라 하나님과의 비밀을 나누는 언어이기에 하나님 외에는 아무도 알아들을 수 없다. 그런데도 특별히 통변의 은사를 받은 자들을 통해 그 뜻을 해석할 수 있도록 해주시어 비밀의 궁금증을 풀어주기도 하신다.

2) 대인방언

대인방언은 사도행전 2장에 나타난 방언이다. 즉 제자들이 다락방에 모여 온전한 마음으로 기도할 때 성령의 바람과 함께 임한 방언이며, 제자들의 입에서 나온 그 방언을 들은 사람들은 각 나라의 언어로 하나님의 큰일을 들었다고 말한다. 이것은 예수그리스도가 메시아라는 사실, 즉 복음을 선포한 것으로 보인다. 각 나라 사람이란 유대인, 아시아인, 애굽인, 리비야인, 로마인, 아라비아인, 메대인 등 16개 나라가 넘는다. 이것은 인위적인 통역이 아닌, 성령의 감동으로 언어의 장벽을 허물고 각 나라의 자국어로 동시 통역되어 펼쳐진 것이다. 그때 사도들의 방언은 기록된 것이 없어 확인할 수는 없지만 한 사람이 여러 나라의 말을 동시에 했다고 보이지는 않는다. 다만 성령의 말하게 하심의 역사로 방언을 하는데 각 나라 사람은 저마다 자기 나라 언어로 들렸다는 것이다.

>> 사도행전 2:11

우리의 각 언어로 하나님의 큰일을
말함을 듣는도다

3) 대물방언

엄밀히 말하면 대물방언은 없다. 이 방언은 피조 세계의 피조물에 대한 방언을 일컫는다. 기독교 역사 기록에 보면 어거스틴은 새들뿐 아니라 나무들과도 대화를 했다고 쓰여 있다. 그러나 아담의 타락 이후, 인간은 더는 에덴동산 때처럼 자연의 모든 것들과 대화하는 것이 불가능해졌다. 왜냐하면 인간뿐 아니라 자연도 아담의 원죄로 인해 오염되고 망가져 버렸기 때문이다.

그런데도 우리는 민수기 22장에서 보듯, 당나귀가 사람과 대화한 것을 목격한다. 당나귀가 여호와의 사자를 보고 겁에 질려 발람에게 이상 행동을 하자, 발람은 나귀를 세 번이나 채찍질한다. 이때 하나님은 당나귀의 입을 열어 그와 대화를 한다. 물론 이것은 당나귀의 억울함을 위한 게 아니라 발람의 악함을 꾸짖고 그의 길을 막아서기 위한 목적이 우선이었다.

모든 것은 하나님의 통치하에 있다. 그러므로 하나님께서 원하실 때는 그 어떤 것도 그 목적에 맞게 사용된다. 노아의 홍수가 그러했고, 요나의 고래가 그러했고, 기근과 풍년도 그때의 목적을 위해 사용되었다.

누가복음 19:40

대답하여 이르시되 내가 너희에게 말하노니
만일 이 사람들이 침묵하면
돌들이 소리 지르리라 하시니라

하나님에겐 불가능은 없다. 그게 어디 당나귀뿐이겠는가. 해와 달도 멈추게 하시는 하나님이시며(여호수아 10:12~13), 그분은 우리의 아버지이시다.

마가복음 16:17~18
"믿는 자들에게는 이런 표적이 따르리니 곧 그들이 내 이름으로 귀신을 쫓아내며 새 방언을 말하며 뱀을 집어 올리며 무슨 독을 마실지라도 해를 받지 아니하며 병든 사람에게 손을 얹은즉 나으리라 하시니라. 주 예수께서 말씀을 마치신 후에 하늘로 올려지사 하나님 우편에 앉으시니라 제자들이 나가 두루 전파할새 주께서 함께 역사하사 그 따르는 표적으로 말씀을 확실히 증언하시니라"

2장

축사 방언, 그 놀라운 실체

축사 방언의 특징

> 마가복음 3:20~27

집에 들어가시니 무리가 다시 모이므로 식사할 겨를도 없는지라 예수의 친족들이 듣고 그를 붙들러 나오니 이는 그가 미쳤다 함일러라 예루살렘에서 내려온 서기관들은 그가 바알세불이 지폈다 하며 또 귀신의 왕을 힘입어 귀신을 쫓아낸다 하니 예수께서 그들을 불러다가 비유로 말씀하시되 사탄이 어찌 사탄을 쫓아낼 수 있느냐 또 만일 나라가 스스로 분쟁하면 그 나라가 설 수 없고 만일 집이 스스로 분쟁하면 그 집이 설 수 없고 만일 사탄이 자기를 거슬러 일어나 분쟁하면 설 수 없고 망하느니라 사람이 먼저 강한 자를 결박하지 않고는 그 강한 자의 집에 들어가 세간을 강탈하지 못하리니 결박한 후에야 그 집을 강탈하리라

1) 축사 방언에 대한 이해

축사 방언, 능력 방언 또는 단마디 방언이라는 말을 이제는 흔히 듣게 되었다. 많은 성도가 축사 방언? 능력 방언? 단마디 방언? 이런 방언들이 따로 있나? 라는 질문을 하곤 한다. 축사 방언이란 말과 함께 위의 두 가지로 명명하는 말은 본디 성경에서는 말하고 있지 않다는 것을 먼저 밝힌다. 또 기독교 역사에서도 이러한 단어를 쓴 적이 없다는 사실을 밝히는 바이다. 그런데도 필자는 단마디 방언이 가지고 있는 능력에 대하여 수년간 경험한 바이 단마디 방언이 풀어질 때 악한 영체들이 가차없이 파쇄되는 현상을 수없이 경험하면서 소위 축사(귀신 쫓음)라는 단어를 쓰게 되었다는 것과 능력이 나타난 것에 대하여 능력 방언이라고 명명하게 되었다.

사실 처음엔 필자도 조심스러웠다. 남들이 안 쓰는 말을 쓴다는 게 어색하기도 했다. 덧붙여 필자는 초단마디 방언이라는 말도 쓰게 되었는데, 왜냐하면 많은 성도들이 이 초단마디 방언, 일명 축사 방언을 하면서도 이게 무슨 방언이냐, 이런 방언도 있느냐라는 의문을 한결같이 품고 있고 이 방언이 풀어질 때에 무슨 일이 일어나는지도 모르는 채 방언을 하고 있다는 사실이 확인되었기 때문이다.

그러기에 그 누구도 방언의 형태로 방언을 하지만 언어적 방언이 아닌 형태의 방언으로 말미암아 수많은 오해를 낳았고 이 단마디 방언을 발설하는 성도 자신도 기피하게 되었다. 그것은 성도들의 보편적 이해가 부족했기 때문이다. 그래서 주변 성도들로부터 배격받는 것을 당연한 것으로 여겼던 것도 사실이다.

그러나 과연 이 단마디 방언이 기피해야 하고 배격당해야 마땅한 것인가라는 질문을 던졌을 때 단마디 방언이 성도의 삶에 가져오는 유익과 이미지적 피해를 저울질해 보면 그 손해가 얼마나 큰 일인지 모른다. 불행 중 다행으로 필자의 조사에 따르면 적어도 단마디 방언을 말하는 성도들 사이에서는 이 방언에 대한 이해와 능력이 입에서 입으로 전해져 왔다는 것이다.

- 필자가 축사 방언이란 말을 쓰게 된 것은 악한 영이 파쇄 및 축사되는 현상과 함께 현실이 달라지는 수없이 많은 경험을 통해 이해한 것이며
- 능력 방언이란 말 또한 단마디 방언을 말하면서 경험한 영적 은사는 말할 것도 없고 영적 세계가 열리는 능력을 다반사로 경험함으로써 사용하게 된 것이며
- 단마디 방언이라 명명한 것은 방언 시 단마디 소리를 발설하기 때문인데 이러한 방언을 경험한 성도들 사이에서는 상호 공감 및 이해가 완전히 가능하기 때문에 붙여진 것이다.

사실 성령께서 주신 방언기도는 모두가 능력의 역사로 인해 일어나는 것이며 귀신도 쫓겨나고 파쇄되며 영계를 경험하고 은사도 받는다. 다만 단마디 방언에는 이러한 현상이 더욱 탁월하게 나타나고 사단들과의 영적 전쟁에 너무나도 유용하게 적용되는 능력이라는 것을 밝힌다.

모스 부호와도 같은 이 단마디 방언은 영적 전쟁에 돌입하는 성도들의 전쟁 전용 무기라고 말하고 싶다. 우리 전쟁의 대상은 사람이 아니라 영계의 귀신들, 악한 사단의 부대인 것을 기억해 주기 바란다. 사단의 영들 파쇄에 탁월하다면 이 단마디 방언은

축사 방언, 능력 방언이라 해도 과언이 아닐 것이다.

첫째, 축사 방언은 단마디 기도의 독특하고도 차별화된 방언 기도의 영역이다. 그런 만큼 특징들도 다양하다. 축사 방언의 가장 큰 특징은 강한 진동과 파장, 주파수를 가지고 있다는 것이다. 이 주파수는 치료의 효과를 내기도 하고, 부정적으로 묶어진 영적 환경을 너끈히 풀어내기도 한다. 기도하는 사람의 내면세계에 지대한 영향을 미치며 영계를 열어놓는 역사가 일어난다.

예를 들어, 어떤 사람이든 경쾌하고 빠른 음악 소리를 듣게 되면 몸을 흔든다. 이것은 소리가 가지고 있는 파장의 힘이다. 그리고 소리는 무기가 될 수도 있고 치유의 수단으로도 이용될 수 있다. 소리는 자연과 공명하는 힘을 가지고 있다.

이 힘을 안다면 사람들은 소리의 역할을 제대로 이해하고 두려움과 부정적 감정에서 해방되어 그들 내면의 감각 통로를 열 수도 있을 것이다. 어떤 소리의 파동은 마음에 불편을 주기도 하고 몸에 좋지 못한 영향을 미치기도 한다. 그래서 감정의 힘을 인지하는 것은 중요하다. 어떤 소리는 감정을 억제하는 힘이 있고 어떤 소리는 좋은 감정을 끌어올리는 힘이 있다.

영의 기도는 물질세계를 지나 정신세계로, 더 깊은 영의 세계로 연결해주는 독특한 주파수를 가지고 있다. 세상의 각 언어에도 고유의 주파수가 있고 탁하고 어두운 부정적 언어와 기쁘고 즐거운 긍정적 언어에도 각각의 주파수가 있다. 그런데 영의 독특한 주파수는 현실적 영역에서는 알기 어렵고 이해되지도 않는다. 이것이 하나님만 알아들을 수 있는 특별한 비밀코드가 장착된 이유일 것이다.

영의 기도는 성령의 임재를 통해 이런 주파수로 우리의 영·혼·육을 전인적으로 만지시고 우리의 죄성뿐 아니라 악성, 육성에서 나오는 성품, 기질, 습관, 병든 몸과 고질적인 영적 DNA까지도 바꾸게 하신다.

이런 성령의 만지심을 통해 우리의 죄성과 악성이 우리의 몸에서 나갈 때 우리는 체질이 바뀌느라 겪는, 온몸이 아픈 영적 몸살을 앓게 된다. 온몸이 전기 자극을 받는 것 같고 두통이나 어지러움, 각종 통증, 가려움증, 열꽃 등이 나타날 수 있다.

이러한 현상들은 염려할 일은 아니며 몸 상태가 개운해질 때까지 기도로써 돌파하는 것이 중요하다. 개인적 차이는 있을 수 있으나 반복적으로 기름부음에 잠기게 되면 자신 안의 부정적 요소가 모두 없어지며 이때 나타나는 현상은 힘이 없어지면서 깊은 잠에 빠지게 된다.

🖋 기름부음 안에서 머물던 날

어느 날 나는 깊은 임재에 잠기게 되었다. 갑자기 내 몸이 손가락 하나 움직이지 못하는 상태에 눌려 있었다. 처음 겪는 일이라 졸지에 뇌졸중이 아닌가 싶어 살려 달라며 회개 기도를 열심히 하였다. 6시간 후쯤 몸이 풀렸다. 그다음부터 누군가에게 손을 얹으면 기름부음이 어디로 흘러가는지 다 느낄 수 있었다.

둘째, 이 특별 영역으로 부름받은 사람들은 모두 주의 군대로 부름받은 것이다. 이는 하늘의 군대이며 천사와 함께 전쟁을 수행하게 된다. 그러므로 이 영역에 부름받은 자들은 거의 천사의 영과 같은 영적 상태가 유지된다. 즉, 천사 같은 자세로 하나님을 사랑하고 섬기며 하나님께 순종을 보이는 성도들이다. 성령의 인도하심과 주장하심을 거부감 없이 따를 뿐 아니라 성령은 그들을 그럴 의사도 없는 듯이 만드신다. 그래야만 이 전쟁을 치를 수 있기 때문이다. 아무리 대적할 사단의 군대가 많을지라도 두려워할 필요가 없음은 주의 성령이 함께하시기 때문이다.

하나님 군대의 군사로 부름받아 제대로 된 군사의 모습을 지니기까지, 그 거룩한 전쟁에 참여하게 하시기까지 부름받은 성도는 온전히 거룩하고 정결함을 유지해야 하기에 피할 수 없는 연단과 고초를 겪으며 각각의 훈련 속으로 들어가게 된다.

어쩌면 이 영역에 부름을 받은 자들은 세상에서 볼 때는 가장 약점이 많고 드러낼 만한 것이라곤 하나도 없는 열약하고 열등한 성도일지 모른다. 그래서 그들은 세상에서 의지할 아무것도 없기에 주님의 날개 아래로 자석에 이끌리듯 하나둘 꾸역꾸역 모여들게 되었을 것이다. 이렇게 부름을 받은 자들은, 기드온의 300명의 용사들처럼 하나님의 주권하에 치러지는 거룩한 전쟁에 참여할 수 있도록 선택된 자들이다.

군대의 영적 싸움은 영계를 날아다니며 사단이 묶어놓은 영역을 능력의 검으로 베어 끊어버리고 밟아버리며 그들의 머리를 상하게 만들어 사단에게 치명적인 패배를 안겨주며, 우리는 그런 군대의 능력을 발휘하기 위해 선택된 영광스런 전투사들이다. 결국 전투사들은 그 자신과 그 가문과 그 교회와 하나님의 나라를 위해 헌신하고 승리할 뿐 아니라 하나님께서 그들을 영광스럽게 하신다는 사실을 잊지 않아야 한다.

영권 확장과 영적 계급

영적 세계는 계급체계이므로 저마다 영권의 정도에 따라 행사할 수 있는 명령권, 축복권, 선포권 등의 범위가 결정되고 그것에 따라 천사들이 배정된다. 영권은 주님께 위임받은 권위로서 이 세상에서 예수님 이름을 사용하여 일할 때 발휘된다. 필자가 경험해 본 바로는, 영적 계급의 하나로 주어지는 '별'이란 물론 아무나 받을 수 있는 것이 아니고 하나같이 하나님께 충성스러운 자들에게 주어지는 것이다. 그러므로 그 별은 사람들의 충성과 헌신에 대한 상급이며 그 상급은 바로 영권으로 이어지는 것이다.

그렇다면 이런 영권은 어떻게 받을 수 있을까. 먼저 영권 회복의 중요한 요소는 무엇이며 영의 활동은 어떻게 이뤄지는가를 살펴볼 필요가 있다.

영은 움직이기도 하고 가만히 있기도 하며 매이기도 하고 자유롭기도 하며 기운을 잃기도 하고 강건해지기도 한다. 거듭난 성도의 영은 예수님과 연합되어 성령 안에서 혼과 몸을 온전히 통제할 수 있다. 그런데도 영이 수동적인 상태이면 그 영은 영적 전쟁에서 무기력해진다. 생동감 넘치는 영의 활동이 바로 영적 전쟁에서 승리의 핵심 요소임을 생각한다면 영의 활동이 원활하지 못하다는 것은 영혼이 성장하지 못했다는 것(에베소서 3:16, 4:16)이거나 영적인 감각들이 둔해졌기 때문임을 반증하는 것이다. 따라서 우리는 방언기도로써 영적 활동을 활발하게 하는 환경을 조성하는 것이 매우 중요하다. 그럼으로써 우리는 자신의 영적 감각을 평상시에도 꾸준히 단련할 수 있다.

수많은 염려와 근심으로 우리의 몸과 혼과 영이 짓눌리게 되면 영적 전쟁을 수행하는 데 어려움을 겪을 수밖에 없다. 영적 권세를 사용해야 하는 영적 싸움에서 흑암의 권세가 힘을 잃도록 하는 결정적 요소는 바로 그 사람의 삶의 질과 주님이 주신 권세이며, 그것에서 비롯된 영권이 주어졌을 때 비로소 선포의 능력을 발휘할 수 있게 되는 것이다. 그러므로 성도의 삶의 질을 높이는, 즉 경건과 성숙을 겸비하는 기도를 쉬지 않고 하는 것이야말로 영적 전쟁을 승리로 이끄는 길임을 명심해야 한다.

이마에 별이 달리던 날

이 영역의 기도 속에는 영권이 확장되는 놀라운 힘이 있다. 어느 날, 환상 중에 하나님께서 내게 계급을 내려주시는 것을 보게 되었다. 그러면서 "너는 명령권자임을 잊지 말라" 하시며 권위를 높이시는 이 세상의 군대 체급으로 나를 이해시켜 주셨다. 처음에 내 이마에 별이 세 개 붙은 것을 보았는데 그 후로 3년 정도 지났을 때 별이 네 개가 된 것을 보여주셨다. 물리적 세상에서는 내게 아무런 계급이 없다. 그러나 내게 주어진 이 계급은 오직 영계에서만 통하는 계급이고 영적 세계에서만 행사할 수 있는 권력이다.

필자는 이 영권에 의해 임재 집회를 할 수 있는 것이라고 여긴다. 집회 시에 주님께서는 환상으로 주님의 뜻을 보여주신다. 황금, 부유의 기름부음, 열쇠, 각 영역들이 열리는 역사, 사역자에게 주시는 독특한 사역의 능력, 각양각색의 아름다운 보석들, 은사들, 각종 영적 무기들, 불, 생수, 향기… 향유의 기름, 악한 영체들의 분쇄 장면, 미움, 아픔, 상처 난 마음을 치유하는 장면, 각종 육신의 질병을 치유하는 장면, 곡물들, 각종 약품들, 그날그날 베푸시는 온갖 은혜가 집회 시에 부어지고 그로 인한 성취가 성도들을 통해 증명된다. 악한 영들의 활동과 천사들의 활동이 어우러신 집회에 침석힌 성도들의 상태가 말씀으로 보여주신 대로 그들에게 임한다. 그러면 그 성도의 환경에 반드시 변화가 일어난다. 성령의 말씀대로 하나하나 증명되는 것이다.

붙들린 중보기도 영역

우리가 교회에서 흔히 듣는 중보기도란, 이웃이나 다른 성도를 위해 드리는 기도를 일컫는데 이것은 일반적인 중보 사역에 해당하며, 엄밀히 말하면 중재기도라 할 수 있다. 여럿이 모여 기도모임을 하며 서로를 위해, 교회를 위해 기도하는 중재기도는 방언기도가 아닌 일반 언어로 다른 이들이 분명히 알아들을 수 있게 전달해야 한다.

이것과 달리 중보기도에 특별히 부름을 받은 자들이 있다. 이 영역에 속한 자들은 기도의 영을 받은 사람들 중에 나타나는 것이 특징이다. 하나님께서는 하나님의 일꾼을 직접 불러 쓰신다. 주님이 직접 열두 제자들을 부르셨던 것같이 지금도 당신의 사역자들을 당신이 직접 뽑아 쓰신다. 그 기준은 세상의 조건이 아니라 하나님의 기준으로 발탁되는 것이다.

열왕기상 19:18

그러나 내가 이스라엘 가운데에 칠천 명을 남기리니
다 바알에게 무릎을 꿇지 아니하고 다 바알에게
입맞추지 아니한 자니라

주님은 이 세상에서 돈과 성공을 우상으로 삼지 않는 사람들을 기억하시고 보물처럼 숨겨두신다.(요한계시록 2:24)

이사야 6:9~13

그러나 밤나무와 상수리나무가 베임을 당하여도
그 그루터기는 남아 있는 것 같이 거룩한 씨가
이 땅의 그루터기니라 하시더라

하나님께서는 이 세상을 심판하실 때조차도 싹쓸이로 인류를

전멸시키지 않겠다고 약속하신 것이다. 이것은 영적 세계도 마찬가지다. 하나님께서는 남겨진 자들에 의해 중보의 사역을 수행케 하신다. 국가, 민족, 사회, 선교지 그리고 이 땅의 교회들을 위해 중보하게 하신다. 그들을 알고 의식하고 기도하는 게 아니라 모르는 가운데 그때그때 중보자로 선택해 사용하신다.

아래 글은 필자의 간증이다.

어느 날 비몽사몽 중에 환상이 열렸다. 수많은 놋그릇들이 산더미처럼 쌓였는데 사라지질 않았다. 뜻을 몰라 불현듯 묻기 시작했고 그 환상과 질문은 이튿날까지 계속되었다. 그날도 나는 병상에 누워 있었다. 이것이 무슨 환상인가 생각하던 중에 주님 같으신 분이(나는 그분이 주님이시라고 하기엔 너무 황송해 이렇게 표현해 본다) 나의 침대 발끝에 앉으시며 환상을 풀어주러 왔다고 하셨다. 나는 여러 가지 질문을 했는데 평소에 궁금했던 것들을 거침없이 쏟아내었다. 주님과 나는 마주 앉았고 그 사이로 녹슨 놋그릇들이 산더미처럼 쌓여 있었다. 주님 같은 그분이 손을 들어 왼쪽에서 오른쪽으로 젖히시니 그 놋그릇들이 너무도 아름답게 반짝이는 그릇들로 변하는 게 아닌가. 그중 한 줄이 그냥 여전히 녹슨 상태로 있기에 나는 주님 같으신 분에게 그 이유를 물었다. 그때 그분은 나를 보시며 "내가 한 것처럼 너도 해보아라" 하셨다. 나는 어떤 강한 감동이 밀려왔다. 그분의 말씀처럼 내가 손을 들어 왼쪽에서 오른쪽으로 손을 저었더니 그 녹슨 그릇들이 한결같이 깨끗하게 변했다. 그러고선 나는 단마디 방언에 관해 평소 궁금했던 것들을 여쭸는데 그분은 모든 질문을 풀어주시고 실제로 영계에서 이루어지는 일을 요청하니 그것도 보여주셨다.

나는 지금 여러 가지 언어 방언과 단마디 방언들, 그리고 또 사역할 때 주시는 영찬양을 하며 훈련원과 집회에 참석한 여러 성도들에게 그 의미들을 전달하고 있다.

20여 년 전, 필자는 수시로 마음을 다해 함께 울어주는 기도를 한 것을 기억한다. 이 영역은 방언만으로 진행하는데 필자가 진한 감동에 젖어 기도 사역을 수행한 일이다. 이럴 때는 그 기도가 어떠한 기도인지 정확히는 인지하지 못하나 순간순간 느껴지는 감동에 사로잡혀 기도하게 되는데 주님은 사역자들이 힘듦이나 고단함을 느낄 수 없도록 성령의 기름을 계속 부으시며 끝없이 기도하도록 이끌어주신다. 이것이 그때그때 기도하는 사람을 통해 소명을 맡기시는 하나님의 방법이다. 또 이런 자들에게는 하나님의 모든 영광을 보여주시고 하늘의 은사를 맛보게 하시는 선물들이 마치 보상처럼 주어진다.

축사 방언의 종류

1) 다다다 두두두 타타타 투투투 도도도

사단의 묶임을 파쇄하는 축사 방언이다. 이 방언은 자신의 영계 속에 있는 육성과 죄성과 악성을 치며 어두움의 영들이 묶어놓은 모든 것을 공격하고 부서뜨리고 파쇄할 때 사용되는 방언이다. 이럴 때 기도의 파장이 활성화되면서 자가축사 능력이 강력해지고 스스로의 상처를 치유하면서 눈물, 웃음, 가래, 침, 기침, 방귀, 하품 등이 나오고 몸이 뒤틀리고 떨리기도 하는 여러 현상이 나타난다.

　이것들은 영적인 세계, 그들의 내면세계와 정신세계에서 일어나는 현상들이 몸을 통해 드러나는 것인데, 사람마다 나타나는 것이 다른 이유는 저마다 영적 배경이 다르기 때문이다. 그러므로 드러내고 있는 현상을 보면 그 사람의 영적 배후의 본질을 알게 되어 있고, 본질을 알면 그 현상 또한 알게 되면서 어떤 영역의 어떤 영이 역사하는지를 간파하게 된다.

　이 기도는 전쟁에서 특전사급, 즉 전쟁의 최전방에 포진되어 있는 적들을 수색해 내고 적진 깊숙이까지 들어가서 전술을 펼치는 특공부대의 역할을 한다. 이 기도와 맞서는 사단의 영들은 단번에 무력해지기 때문에 성도가 이 기도를 할 때면 사단들은 극도의 예민한 반응과 함께 초긴장 속에 들어가게 된다. 그렇기에 사단은 모든 것을 동원해 기도를 방해하려 하는데 이때 혼적인 모든 것들을 동원한다. 부정적인 생각, 의심, 낙심, 희망 없음, 기분 나쁨, 상한 마음, 우울감, 원망, 무기력증, 억압, 찍어누름 등 여러 유형의 선제공격으로 엄청난 검은 에너지를 쏟아부어 공격대상인 성도가 힘이 들어 기도할 수 없도록 만든다.

　그렇다 할지라도 기도하는 성도는 온 힘을 다해 기도의 포문을 열어 자신을 싸고 있는 영계에 진입해야 한다. 이 돌파를 통해 단마디 방언의 언어들은 사단이 쥐고 있는 어두운 영역들을 파쇄해 버리는 것이다.

2) 랄랄랄라 랄라라라

랄랄리 기도는 흔히 애기방언이라고 알고 있다. 그러나 방언을 몇십 년 끊임없이 한 분들도 랄랄라가 섞인 기도를 하는 것을 우리는 종종 본다. 이 말은 랄랄라 기도가 미성숙해서 하는 기도가 아니라는 것이다. 랄랄라 기도는 '허락됨'을 의미한다. 즉 하나님의 허락이 있기를 간절히 원할 때 나타나는 영의 기도이다. 다시 말해 이 기도는 영적인 진입을 향한 영의 간절함이 '랄랄라'라는 발음의 기도를 통해 나오는 방언이다.

3) 카카카카 캐캐캐캐

이 방언은 우상숭배의 영, 음란마귀의 영, 아주 지독한 악한 영을 파쇄할 때 나오는 기도 소리이다. 카카카는 강도가 조금 약한 악한 영이거나 뱀들의 영이라면, 캐캐캐는 더 지독하고 뿌리 깊은 속의 악한 영의 뿌리라고 여겨진다. 근본적으로 숨겨졌던 영의 정체를 드러내고 파쇄하는 기도이다. 그러나 기도가 강하게 나올 때는 악한 영들이 거의 정체를 드러내고 있는 상태라는 것을 알아야 한다. 사단도 목숨 걸고 거의 죽일 듯이 덤비며 더 악하게 공격하는데, 이때는 거의 마지막 발악을 한다고 생각하고 더 힘을 내어 막아내야 한다. 기도를 받는 사람에 대해서는 최대한 깊은 애정과 헌신을 보여주되 영으로는 강하게 대적해야 한다. 그러면 그 사람을 잡고 있는 악한 영이 힘을 잃기 시작하고 마침내 파쇄되어 나간다.

음란의 영은 가정을 파괴하는 영이다

어느 성도의 남편이 외도를 하고 있었다. 당혹스러워하며 어찌할까 고민하는 성도와 함께 기도해 보니, 환상 중에 두 마리 구렁이가 한데 엉켜 있는 것이 보였다. 한 마리는 핑크색, 한 마리는 연두색이었는데 음란의 영들이었다. 이 악하고 질긴 영에 붙들리면 가정에 문제가 생기고 파괴적인 일이 일어난다. 사단은 믿는 자의 가정을 파괴하는 것이 제일의 목적이다. 왜냐하면 가정의 거룩함을 잇는 계대를 통해 하나님의 나라가 왕성하게 일어날 것이기 때문이다. 이 성도는 작정하고 기도에 들어갔고 얼마 안 되어 외도하던 남편과 내연녀 사이에 자중지란이 일어나

서로 심하게 싸우고 수치를 당한 끝에 남편은 결국 아내에게로 돌아왔다.

구렁이들의 공격을 기도로 막아

주 예수님을 영접하고 얼마 안 되었을 때다. 기도 중에 여러 마리의 구렁이들이 머리를 높이 쳐들고 사방에서 공격해 오는 모습을 보았다. 나는 무작정 엎드려 온 힘을 다해 기도하는데 (그 당시 나는 언어 방언을 할 때였다) 갑자기 튀어나온 방언이 카카카~로 끊임없이 지루할 정도로 계속 쏟아져 나왔다. 한참 후 얼핏 보니 모든 악한 영체들이 힘을 잃기 시작하고 쓰러져 뻗어버리더니 마침내 사라져 갔다.

4) 바바바 아바바바 흐바바바

이 방언의 특징은 우리의 영적인 상태를 더욱 경쾌하게 고무시키며 힘있고 탄탄하게 세워가는 능력을 가지고 있다는 것이다. 아바바바로 시작하는 기도가 나온다면 그것은 간절함을 드러내는 것이고, 바바바바가 계속 지속되는 역사가 일어날 것이다. 그런데 어느 영역에 가서 이 축사 방언의 분량이 더 많아질 때가 오면 풀어지는 능력이 나오게 될 것이다. 사단들에 묶인 영역이 풀어지고 마주한 영체가 밀려 나가는 축사 방언은 폭이 넓고 굵으며 강도가 센 기도라 할 수 있다. 그래서 이 영역의 방언은 다른 영역을 다 누비고 나서야 나오는 기도이다.

축사 기도를 계속하다 보면 흐바바바로 변하는데, 이것은 불을 당기는 능력을 보여주는 기도이며 선포의 역사가 나타나기 시작하는 매우 유익한 기도이다. 그러므로 이 기도를 많이 하게 되면 분명 불의 역사가 나타나게 될 것이다.

5) 야야야야

이 방언은 고질적 속박을 파쇄하는 완전한 기도일 때 나오는 소리이다. 사람의 인생 여정 가운데 또는 가문에 흐르는 어떤 악한 영적 줄기, 부정적인 우상숭배로 인해 창출된 악한 영역들, 속임수, 도박, 폭력 등 사단의 못된 습성과 기질들을 이 축사 방언이 끊어내는 놀라운 능력을 발휘한다. 이런 기도의 영역에 놓인 사람들은 대부분 고질적인 문제들을 가지고 살아가는 사람들인 경우가 많다. 그래서 성령님은 이런 기도로써 사람들의 부정적인 매듭을 끊도록 그들을 인도하시는 것이다. 이 기도를 하는 자들의 현실은 차츰 긍정적으로 변하기 시작하고 완고한 고집들, 고질적인 문제들, 우울, 정신질환들이 사라지고 부서지는 역사가 일어나게 된다.

6) 리리리리 릴릴릴릴

이 방언기도는 축사의 영역과도 붙어 있지만 은사의 영역과도 가깝다. 이 방언은 예언의 은사가 풀어지는 기도이다. 우리의 영적인 세계에서 축사해야 할 영역이 다 밟아져 사라져야만 이 강력한 은사가 임하게 되어 있다. 물론 예수님을 믿고 또는 방언을 받고 바로 은사를 겸하여 받는 분들도 많다.

    그러나 거룩하고 성결한 마음을 유지하는 깊은 영성, 삶에서 말씀을 실천하는 영성을 갖고 있지 않다면 아무리 강력한 은사가 와도 얼마 되지 않아 사그라져 버린다. 그러므로 은사 받은 자는 반드시 축사의 능력도 있어야 하지만 자기관리와 진실된 삶을 철저히 꾸려가야 한다.

    이 기도의 또 다른 특징은 기도가 매우 가늘고 섬세하며 얇게 뻗어 나간다는 것이다. 딱딱하고 굉장히 거친 영계를 칼날같이 강하고 얇고 예리하게 뚫고 나간다. 우리의 영계를 싸고 있는 어둠의 세계는 가깝게 있으나 이 기도가 뚫고 가는 장소는 멀리 있다. 그래서 이 방언기도는 천상의 은사 영역과도 닿을 수 있는 것이다.

뤨뤨뤨의 방언기도는 통변의 은사이며 예언의 영역과 함께하는 영역이다. 여기서 말하는 통변은 성령님께서 사람들의 어떤 영역의 기도들을 다 알아듣고 중보해 주시는 것을 말한다. 그러므로 이 영역의 방언을 받는 분들이 아주 드물다.

7) 아리아리아리

이것은 친밀함으로 이끄는 방언기도 소리이다. 사단은 우리가 하나님과 친밀한 관계, 즉 하나님과 연합한 관계를 가장 싫어한다. 왜냐하면 하나님과 한편이 되면 자연히 사단에게서 멀어지기 때문이다. 그래서 하나님과 더 깊은 관계로 나아가는 것을 어떻게 하든 막으려 하는 것이다. 그렇지만 우리는 그것을 뛰어넘을 수 있는 믿음의 단계로 나아가야만 한다. 그러한 믿음은 말씀에 바탕을 둔 체험적 경험들을 통해 영적 성장을 함으로써 얻어지는 것이며 그것이 하나님과의 친밀한 관계를 형성하게 한다. 사단은 이것을 막으려 미혹과 교만과 자신의 의意를 나타내도록 충동하여 넘어지게 함으로써 영적인 힘을 갖지 못하도록 한다.

그러므로 하나님과 친밀해지려면 하나님과 자주 만나 숨김없이 속마음을 털어놓고 깨끗함을 유지해야만 하며 사단이 벌이는 유혹들과 죄들을 이겨내야 한다. 항상 단순한 마음을 가지도록 한다. 우리의 내면세계가 복잡하지 않고 깨끗하며 단순해지려면 지지분한 영적 쓰레기를 발생시키지 않는 것이 좋다. 아리아리의 방언기도는 바로 이러한 하나님과의 친밀함으로 그분의 사랑과 그분의 마음을 절절히 느끼게 하는 기도이다.

8) 차차차차

이 기도는 상당히 촘촘하고 밀집의 강도가 높은 것 같은 느낌이 든다. 차차차 기도는 기도의 영역이 바뀌는 것으로 볼 수 있는데, 예를 들어 영적 계단을 하나 올라선 상태라고 보면 된다.

✍ 코브라의 허리를 끊어버리던 날

몇 년 전 어느 성도를 위해 기도하던 날이다. 문득 눈이 열려 보이는데 나는 한 손으로는 코브라의 대가리를, 다른 한 손으로는 꼬리를 잡고 코브라의 허리 부분을 끊어내고 있었다. 허리가 두 동강으로 끊어졌는데 마지막 낚싯줄처럼 가느다란 힘줄 같은 것이 질기게 버티고 있었다. 있는 힘을 다해 그마저 끊었는데 대가리 쪽이 살아나더니 쏜살같이 가느다란 파이프 같은 곳에 대가리를 처박고 도망을 치는 것이다. 나는 다시 그것을 잡고 끄집어내어 순간적으로 손에 큰 쇳덩어리 같은 망치를 들고 대가리를 내리쳤다. 게임 아웃이다. 이튿날 아침 나는 몸살이 날 것 같았다. 그 후에 그 성도의 도박판에 매인 삶이 풀어졌다는 소식을 들었다.

영찬양의 두 영역과 치유 능력

영찬양은 방언기도를 넘어서는 강력한 무기이다. 왜냐하면 어둠의 세력들이 이 찬양을 들을 때 못 견디고 뛰쳐나가도록 함으로써 영계가 더 쉽게 풀어지기 때문이다. 하늘의 능력이 임하고 천사들의 영이 임하면 영찬양이 나오는데 이것이 영적 전쟁을 수월하고 힘차게 수행하도록 돕는 역할을 한다. 하나님의 임재 속에서 성령의 감동을 받은 다윗이 수금을 연주했을 때 사울에게 있던 악령이 떠난 것을 우리는 성경에서 확인할 수 있다.(사무엘상 16:23)

1) 즉흥 즉석이며 단회적인 방언 찬양

이 영찬양은 온전한 하나님의 감동으로 터져 나오는 의도치 않은 찬양으로, 순간적으로 즉흥, 즉석, 단회적인, 두 번은 할 수 없는 성령의 작사 작곡, 노래는 기도자인 찬양이다.

메시지를 주는 예언 사역이나 하나님을 송축하고 경배하거나 영적 전쟁에서 어떤 문제를 해결하고 풀어야 할 때 영찬양이 찾아온다. 이때 영찬양은 우리에게 익숙한 찬송가나 복음성가의 가사나 곡조가 아닌, 오로지 성령으로부터 흘러나오는 가사나 곡조가 방언으로 나오는 것이다.

필자는 이러한 찬양을 집회 시간에 여덟 시간 동안 한 적이 있다. 네 시간 정도는 팔이 올려지고 찬양을 하는데 팔이 아프지도 피곤하지도 않았다. 그때 한 사람 한 사람을 대하며 기도하려는 순간 사람마다 전혀 다른 영찬양이 흘러나오고 그 기도 대상자에 대한 예언이 풀어져 나왔다. 그것은 각 사람의 영적 바탕이나 상황이 다 다르기 때문인데 어떨 땐 메시지가, 어떨 땐 환상으로 앞으로 이루어질 일들이 풀어져 나오곤 했다.

2) 의도적이고 즉흥적인 방언 찬양

이 영찬양은 자기가 하는 방언으로 찬송가나 복음성가를 의도적으로 하는 것을 말한다. 이때 멜로디는 우리가 익히 알고 있는 찬송가나 복음성가에다 가사를 본인의 방언으로 찬양하는 것이다.

때로는 방언기도를 하는 중에 감동을 받아 익히 아는 찬양이 나올 때가 있는데, 바로 그 가사가 그에게 주는 메시지일 때가 많다. 왜냐하면 찬송가나 복음성가에 풀어져 있는 곡들 중 많은 곡이 성령의 충만함과 은사에 감동받은 자들이 작사 작곡한 것이기 때문이다.

3) 영찬양이 가진 치유의 힘

영찬양은 깊이 내재한 상처들을 치유하는 힘도 가지고 있다. 까닭 없이 마음이 슬퍼지고 비정상적인 영적 무력감에 빠질 때 방언으로 찬양을 하면 마귀가 쫓겨나간다. 판단과 비난, 폭력의 영들이 역사할 때도 영찬양을 하면 그 속에서 악한 영들이 소멸된다.

심리학에서는 사람의 마음 100% 중 90%는 잠재의식, 10%

는 생각과 의식의 영역이라 한다. 인간은 고통스럽고 괴로운 것을 다 잠재의식에 넣어놓는다. 잊어버린 것 같으나 속에 여전히 가라앉아 있는 것이다. 그런데 방언기도나 영찬양을 하게 되면 영적 전투 중에 예언, 영혼의 치유, 선포의 힘이 크게 나타나면서 무의식 속의 상처나 아픔이 드러나 치유를 받게 된다. 영찬양을 하고 난 다음 마음이 쾌활해지고 안정되며 즐거워지는 것을 체험하게 되는데 이것이 영적 돌파이다.

그 외에
여러 가지 방언기도

여러 가지 형태의 소리가 뒤섞여 발설하는 축사 방언기도가 있다. 성도가 말하는 단어가 다른 사람과 다른 것 또는 다른 사람들과 같은 것이 뒤섞여 나오는 방언인데 굳이 그 단어를 해석하려 애쓸 필요는 없다. 똑같은 기도를 오래 하든 짧게 하고 지나가든, 성도 자신이 컨트롤할 수 있는 영역이 아니다. 영의 기도는 오로지 성령께서 이끄시는 대로 따라야 하는 기도이기 때문이다. 필자 역시 자신이 기도하는 내용을 절대 다 알지 못한다. 성령께서 필요할 때 통변으로 해석해 주실 때만 그 내용을 알 수 있을 뿐이다. 방언은 저마다 발설하게 되는 단어가 다르다. 아주 짧은 외마디 방언이라도 여러 성도에게 공유된 단어 외에 저마다 가진 과거, 현재, 미래의 영적 환경에 따라 다르게 나타날 것이기 때문이다. 이 점에 대하여 어떤 의문의 여지가 없어야 한다. 참으로 영의 세계는 기묘하며 성도의 모든 것을 주관하시는 분은 성령님이시라는 점을 확고히 한다면 다른 이견이나 잡다한 잡음에 휘말리지 않을 것이다. 아름다운 성령의 은사들은 성도들을 위한 것이며 이 땅에 있는 동안만 성도의 영적 삶을 위하여 풀어놓는 것이다. 성도가 천국에 입성하면 예언도 폐하고 방언도 폐하고 오직 여호와의 말씀만 영원한 것이지 않겠는가.

1) 영적 무기에 대해

말씀과 의식화, 기도의 영력, 삶의 질의 차원에 따라 혹은 전쟁 수행 능력에 따라 축사 방언을 하는 자들에게는 갖가지 영적 전쟁에 필요한 무기들이 주어진다. 이러한 무기들로 어떤 상황에서도 돌파하는 능력을 갖추게 된다. 주로 영계에서 통하는 이 무기는 물리적 세상에서 이해되는 형태의 무기들로 보여주신다. 여러 가지 농기로부터 최첨단 무기의 형태들로 나타난다. 수술용 작은 메스부터 시작해 긴 장검, 명검, 불의 전차, 미사일, 핵무기 같은 종류 등등 나타나는 형상에 나름의 의미들을 부여하고 그것들을 이용해 영적 세계에서 활약을 펼치게 된다. 그런 것들이 보일 때에는 성령께서 무기들의 의미를 성도들이 이해할 수 있게 도우시고 환상을 통해 계시를 해석할 수 있도록 하신다.

축사 방언 시
나타나는 여러 현상들

1) 혹독한 인생살이를 겪는 사람을 축사할 때

인생이 혹독한 경우, 이유는 모르지만 그 사람의 인생 여정이 영계에 묶여 있는 것을 본다. 그래서 하나님 앞으로 나아가는 은혜를 받는지도 모른다. 특히나 특전사로 부름을 받은 사람들일 경우 대다수가 이런 혹독한 인생을 겪는다. 이 사람들을 사역할 때는 매운 고춧가루 냄새나 쓴 냄새가 나고 영의 눈으로 보면 몸에서 바늘이 쏟아져 나오거나(바늘이 살짝 스치기만 해도 아픈데 많은 바늘이 속에 박혀 있었으니 얼마나 힘들었을지 상상이 간다) 쇠꼬챙이가 꽂혀 있거나 쇠 체인에 묶여 있기도 한다. 이런 사람들의 기도 소리는 매우 요란하다(우닥닥 우닥닥…). 골수에서부터 고통이 빠져나올 땐 뼈 부분에 두드러기처럼 오돌토돌 솟아나며 매우 가렵기도 하다. 이런 사람들은 오직 말씀과 찬양, 기도로 하나님의 임재 속으로 들어가면 기름부음을 받아 영도 풀어지고 몸도 환경도 모두 풀어지는 역사를 경험하게 된다.

2) 기도 중 머릿속이 스멀스멀 가렵거나 어지럽고 띵한 경우

영적으로 열린 분들에게 하나님의 임재가 들어갈 때 안에 있던 탁한 기운이 밖으로 나가는 현상이다. 신선한 기름부음과 마주쳐서 탁기가 파쇄되어 나가는 좋은 현상이다. 열리지 않은 분들 중에서도 자기 생각을 잘 내색 안 하거나 생각이 복잡해 자신의 생각을 놓지 않는 분, 생각이 묶인 분들 중에 많이 나타난다. 얕은 묶임은 가렵고, 오래되고 강하게 묶인 사고의 틀이 벗겨질 때는 머리가 매우 어지럽고 깨질 듯 아프다. 하나님의 임재가 이루어져 풀어지면 나중에는 이런 현상들은 모두 사라진다.

3) 짐승 소리. 끝없이 벌어지는 입과 턱

우상숭배와 고질적 중독의 영이 파쇄되어 나갈 때 나타나는 현상이다. 한국 역사의 특성상 한국엔 우상숭배의 영이 만연해 있다. 이런 우상숭배의 영이나 중독의 영들은 접촉을 통해 들어오고 스며들어 영혼 속에 깊게 자리 잡게 된다. 이런 영들은 소리 없이 전이가 되므로 바로 대처할 수 없어 깊어지는 것이다.

고질적인 영에 잠식된 사람들의 특징은, 늘 반대를 하고 트집을 잡는다(눈빛이 다르다), 말을 안 듣는다(고집이 세다), 비난과 비방을 일삼는다, 이런 자들의 영이 축사될 때는 괴성(짐승 소리)이나 욕을 하고, 입이 쩍 벌어지고(사람이 벌릴 수 없을 만큼 크게), 짐승 소리와 함께 짐승의 형체(영적)나 사나운 태도를 보인다.

이런 깊은 고질적 영의 축사는 오랜 기간 자리 잡은 것들이라 단기간에 축사가 이뤄지기 힘들다. 그러므로 온전한 축사를 위해서는 첫째, 피축사자의 강력한 의지가 무엇보다 필요하다. 내 안의 악한 영의 존재를 인정하고 내쫓고자 하는 강한 의지와 축사자의 인도에 순종하는 강한 협조가 필요하다. 둘째, 본인이 회개하고 주님께 나아가 옛 습관을 버리고 예수님의 가치관에 맞는 삶을 살아야 한다. 셋째, 기름부음이 있는 예배와 찬송, 기도의 장소에 자주 나와야 한다.

4) 피곤, 졸림, 짜증, 욕설, 분노, 괴성, 파괴성

방언기도 중 짜증이 나거나 욕이 나오면 뭔가 잘못된 게 아닌가 하며 기도를 멈추게 된다. 하지만 이런 현상들은 내 잠재의식 깊은 곳에 눌려 있던 것들이 기도의 파동에 의해 수면 위로 떠올라 드러나는 것이다. 삶을 사는 동안 잊어버리고 용서한 사건들이 아니라 이를 악물고 견딘 사건들이 내 속에 가라앉아 잠재의식 속에 있다 표출되는 것이다. 주로 어쩔 수 없는 권위에 눌려서 생기는 억압된 감정일 경우가 많다.

 이런 현상들이 나오면 아무도 듣지 않는 곳에서 맘껏 기도하는 것이 좋다. 그리고 상대방에게 미안해질 정도로 욕하고 화내고 소리를 크게 질러도 좋다. 그러다 보면 눌린 감정이 풀어지고 양심에 의해 미안한 마음이 생겨서 먼저 그 사람에게 다가가 손 내밀 수 있는 여유와 용서할 수 있는 마음이 일어난다.

 그러나 분명한 것은 앞에서 말한 것은 심리적 방법이다. 좀 더 근본적이고 확실한 것은 그러한 상태에 놓일지라도 방언을 계속하기를 바란다. 그러면 위의 상태들(분노, 화 등)이 소리없이 파쇄

되어 마침내 심경의 상쾌함을 느끼게 된다. 그 지점이 영으로 돌
파되는 지점이다.

5) 하품, 기침, 방귀, 딸꾹질

방언기도에 의해 어둡고 탁한 기운이 정화되고 영의 과정으로
심한 무기력이 찾아온다. 이것은 심하진 않더라도 영적 병세가
파쇄되어 나갈 때 보이는 현상들이다. 그러므로 이 방언기도 후
에는 심령이나 육신이 가벼워진다.

6) 손 커짐, 입술 부풀어지는 느낌

이것은 성령의 역사하심으로 기름부음이 이루어지든, 속불의 능
력에 의해서든, 주로 성령의 은사가 임하는 표적으로 나타나는
현상이다.

    이 경우는 겉불은 태우는 불이라는 의미로 보통 죄가 태워질
때 나타나는 현상이다. 겉불을 받은 사람은 손이나 몸이 뜨거워
짐을 느끼고 그 뜨거움으로 인해 바닥에 뒹굴기도 한다. 반면 속
불은 능력, 은사의 불로 성령님으로부터 치유의 기름부음이 있을

때 뱃속이나 가슴 부위에 뜨거움을 느끼게 된다.

7) 손 떨림, 찌릿찌릿, 도리도리, 춤추기, 향기

진동(손 떨림 포함)이 있거나 목을 도리도리하거나 춤을 추거나 머리나 손끝이 찌릿찌릿히기니 기도하면서 향기로운 향기를 맡거나 바람결이 지나는 듯 상쾌함을 느끼거나 몸과 마음이 편안해진다든지 따스해진다든지 하는 이런 모든 표징은 성령의 역사하심으로 나타나는 은사라 할 수 있다. 그러나 사단의 역사도 비슷하게 나타나는 경우도 있으니 그것을 분별할 줄 아는 지혜가 필요하다.

방언 통변의 은사

1) 방언 통변의 은사란 무엇인가

방언 통변은 하나님의 뜻에 따라 그 뜻을 이루도록 통역자에게 풀어주시는 은사이다. 방언을 할 때 그 방언 내용을 듣고 있는 사람에게 이해가 가능한 언어로 통역해 전달하는 성령의 은사이다.

통변은 성도가 하나님께 방언으로 기도할 때 대화의 의미를 혼이 파악하는 것으로서 영의 직감에 의해 하나님의 뜻과 성도의 기도가 무엇을 말하는지를 이해하는 것을 말한다.

성경은 통역할 자가 없을 경우에는 공동체 예배 시 방언을 말하는 것을 금하고 있다.(고린도전서 14:28) 초대교회에서는 예배 시에 방언기도가 열려도 통역이 없다면 회중들을 교화할 수 없기에 사도 바울은 "교회에서 네가 남을 가르치기 위하여 깨달은 마음으로 다섯 마디 말을 하는 것이 일만 마디 방언으로 말하는 것보다 나으리라"(고린도전서 14:19)고 하였다.

통역하는 자가 사용하는 말은 직역이 아니라 감동에 의한 동의어에 가깝다. 통변은 예언의 은사와 맥을 같이한다. 방언기도의 내용을 알게 하시고 또한 하나님이 내게 주시는 말씀을 알게 하신다. 이러한 통변의 은사를 사모한다면 혼과 삶을 정결하게 해야 하는 것은 매우 중요하다. 그러나 이것은 성령께서 주시는 은사이므로 성도가 정결해서 받았는지, 연약한 부분이 있음에도 받았는지는 사람이 판단할 수는 없다. 다만 정결치 않은 사람은 방언기도의 내용을 혹시 알 수 있더라도 통변이 왜곡될 수 있으니 주의해야 한다.

하나님의 음성은 말씀을 통해, 다른 사람의 말을 통해 그리고 방언 통변 등 여러 채널로 들을 수 있다. 주로 주님의 뜻이 이뤄지는 우리의 일상적 삶에 대한 이야기로 많이 들려주신다.

하나님의 비밀은 아무에게나 풀어지지 않는다. 그것은 하나님을 경외하는 사람들에게 있다고 말씀하신다. 통변의 은사를 받게 되면 우리는 하나님의 깊은 실재에 더 가까이 다가가게 된다.

통변의 은사는 방언처럼 모두에게 무차별적으로 주어지는 것은 아니다. 그러나 누구든지 받을 수 있는 것이기에 사도 바울은 "방언을 말하는 자는 통역하기를 기도하라"(고린도전서 14:13)고 말하였다.

2) 방언 통변의 작용

우리는 방언을 하면서 통변이 어떻게 작용하는지에 대해 혼란을 겪는다. 이때 영이나 혼으로부터 오는 신호를 구별하는 중요한 핵심 요소가 있다. 그것은 사고 작용의 유무이다. 통변의 충동 또는 말이 떠오를 때는 말이나 상징적인 그림으로 또는 짧고 간결한 단어나 온몸으로 음성이 들리기도 한다. 본디 우리는 지성과 감성, 의지를 가지고 있다. 무엇을 결정하려 할 때는 사고의 과정을 거친다. 그러나 영으로 오는 것은 그 과정이 없이 직감에 의해 저절로 알게 된다. 통변은 누구나 들을 수는 있으나 저마다 가진 영적 감각의 수준 차이가 있어 방언 내용이 왜곡될 위험성이 있을 뿐이다.

하나님 음성 듣기에서 가장 중요하게 다룰 것은 미묘한 양신(성신과 귀신)의 역사 문제이다. 하나님의 음성과 내 마음의 소리 그리고 사탄의 음성을 잘 분별하고 가려낼 수 있어야 한다. 이를 위해 영적 분별력의 은사와 통역자의 깨끗하고 선한 양심의 역사, 즉 거룩한 삶은 중요하게 작용할 것이다. 영적으로 듣는 것보다 들은 것을 걸러낼 줄 아는 것 또한 성령의 능력이다.

필자는 어느 날 자신이 성령이라 사칭하는 귀신의 소리를 환청으로 들으면서 그것이 성령이라 고집하는 성도를 본 적이 있다. 귀신이 하라는 대로 다 하는 통에 자신의 삶이 엉망인데도 말이다. 하나님이 주시는 것은 맑고 밝고 평안을 주지만 사탄이 주는 것은 어둡고 불편한 상황을 만든다는 것을 알아야 한다.

신명기 13:1~3

너희 중에 선지자나 꿈 꾸는 자가 일어나서
이적과 기사를 네게 보이고 그가 네게 말한
그 이적과 기사가 이루어지고 너희가 알지 못하던
다른 신들을 우리가 따라 섬기자고 말할지라도
너는 그 선지자나 꿈 꾸는 자의 말을 청종하지 말라
이는 너희의 하나님 여호와께서 너희가 마음을 다하고

뜻을 다하여 너희의 하나님 여호와를 사랑하는 여부를
알려 하사 너희를 시험하심이니라

3) 통변의 독자적 실습

🌿 베드로전서 2:1
그러므로 모든 악독과 모든 기만과 외식과 시기와
모든 비방하는 말을 버리고

● 먼저 보혈의 피에 죄를 던져 넣어 성결케 하라. 마음과 영이 정결해져 그 신호를 잘 받을 수 있도록 삶 속에서 엉켜진 자신의 영을 정화 정돈하고 조용히 성령의 인도를 기다려라.

● 방언기도를 많이 하라. 방언기도는 우리 심령 및 육신까지 정화가 일어난다. 그로 인해 청결해진 상태가 돼야 영적 통로가 열리는 것이다. 영적 쓰레기를 만들지 말라. 이 일에 방언기도는 매우 유용하다.

● 중보기도를 많이 하라. 중보자는 사랑과 긍휼이 있다. 중보기

도를 하는 자는 하나님이 기뻐하신다. 중보기도 시에 그 기도 내용에 대한 것과 그분의 모든 부분을 기도자에게 알게 하신다. 감동으로, 영감으로, 말씀이 생각남으로, 거룩한 부담으로, 꿈으로, 환상으로, 내적 음성으로 계속 말씀하신다.

● 사모하라. 고린도전서 12장 31절에 "더욱 큰 은사를 사모하라"라고 하셨듯이 사모하라. 말씀과 기도 그리고 그분의 임재를 사모하라. 왕 같은 제사장의 삶을 살려면 버릴 것은 버리고 사모할 것은 사모해야 한다. 성령의 은사 또한 사모함이 마땅하다. 하나님의 성령은 자기 백성에게 바랄 수 없는 중에 바라게 하시고 이룰 수 없는 중에도 이루게 하신다. "그 아들을 아끼지 아니하시고 주신 그이가 그 아들과 함께 이 모든 것을 은사로 주시지 않겠느냐"(로마서 8:32) 이 모든 것에는 하늘에 속한 성령의 아홉 가지 은사를 포함하여 영적인, 정신적인, 물리적인 것들을 말한다. 이것은 약속으로 주어진 것이니 얼마나 값진 것인가.

● 바른 성경관을 갖는 것은 중요하며 기도로 보호를 선포하고 영적인 기본적 바탕을 늘 깨끗이 하라. 기도에 몰입되면 저절로 생각이 정지되며 직감이 작동된다.

● 동시 외국어를 통역하는 식의 통변을 해야 한다는 의식은 필요하지 않으며 방언이 길든 짧든 직감으로 주시는 단어를 들을 수 있을 때까지 기도하며 기다려야 한다.

● 흩어지지 않도록 마음을 집중하고 방언에 임하면 어떤 말, 느낌, 지식, 말씀 등이 온몸으로 느껴지거나 또는 영으로 누군가가 말을 하듯 무엇인가가 들려올 때 우리의 말로 적절하게 표현해 내면 된다. 이 과정에서 물론 다소의 오류가 있을 수 있다. 그렇지만 작은 느낌이라도 놓치지 말고 풀어보는 경험을 시도하라.

● 메시지를 전달하는 통변과 예언의 세계는 은사의 기름부음으로 시작된다. 그러나 영에 속한 것들을 개발하는 데 도움 되도록 훈련과 연습을 계속하라.

  기도가 실재이듯이 영적인 일들도 실재이다. 이론화된 지식이 있다 할지라도 실제로 무릎을 꿇고 마음을 숙여 시간을 들이고 입을 열어 간절한 마음으로 힘쓰지 않는다면 사상누각일 뿐이다.

요한계시록 8:3
"또 다른 천사가 와서 제단 곁에 서서 금 향로를 가지고 많은 향을 받았으니 이는 모든 성도의 기도와 합하여 보좌 앞 금 제단에 드리고자 함이라"

3장

방언에 관한 질의응답

1

방언기도에 대한 질문

Q 방언기도는 영적 세계의 싸움인가요?

영적 세계의 싸움은 방언기도로만 하는 것은 아닙니다. 말씀, 모든 기도, 송축, 선포, 순종하는 삶, 이 모든 것을 포함하여 치르는 전쟁입니다. 중요한 것은 방언기도는 이 모든 영역을 아울러 영적 싸움을 균형 있게 한다는 사실을 아는 것입니다.

Q 방언이 자주 바뀌는 것과 같은 단어를 오랫동안 하는 것은 왜 그럴까요?

방언이 바뀌는 것은 당연한 것입니다. 성도들 각자의 영적, 정신적, 육신적 환경이 다른 것이고 성령은 그 성도들에 맞게 돕고 있는 것입니다. 성도가 기도에 들어가면 영적 환경과 마주하게 되며 그 환경과 대립 내지는 돌파, 파쇄하며 청소적 개념으로 영계를 깨끗이 하게 되는 것입니다. 오래 하면 할수록 본인에게 매우 유리한 영계를 갖게 된다는 것을 이해하기 바랍니다. 또한 같은 단어를 오래 하며 머무르는 것은 그 영역을 더 밟아야 하는 과정에 있기 때문입니다. 그러나 반드시 잠시 후면 바뀌게 된다는 것 또한 알고 있으면 좋겠습니다.

Q 방언기도를 입 밖으로 소리 내지 않고 마음속으로 하는 것은 어떨까요? 잠자려고 누워 잠들기 전까지 계속 마음속에서 방언을 하거든요.

좋습니다. 그렇게 하셔도 됩니다. 방언을 반드시 입 밖으로 내야 하는 것은 아닙니다. 소리를 내지 않고 마음속으로 기도해도 그 단어들의 파장은 영계에 새겨진다는 것을 기억하기 바랍니다.

Q 일상생활 속에서 소리를 낼 상황이 안 될 때는 속으로 방언기도를 합니다. 속으로 방언기도를 해도 똑같은 능력이 있는 것인지 궁금합니다.

그렇습니다. 소리와 마찬가지로 생각도 진동합니다. 그런 원리로 방언기도는 밖으로 하든 속으로 하든 똑같은 능력을 보인다고 할 수 있습니다.

Q 방언기도를 할 때, 마음으로 기도 제목을 먼저 생각하고 방언을 해야 하는지 아니면 아무 생각 없이 해야 하는 것인지요.

방언기도는 혼의 영역과는 구별된 독립적인 영역입니다. 기도 제목을 먼저 생각하고 기도를 한다 하더라도 어느 순간 방언만 하고 있는 자신을 발견하게 될 것입니다. 덧붙여 하나님의 뜻과 내 뜻이 일치된 삶을 살게 되면 생각만 해도 응

답을 들을 수 있다는 것을 이해하기 바랍니다.

Q 방언기도를 하면서 성령님이 주신 것인지 아니면 나의 의지로 만들어낸 것이 아닌가 하고 가끔 의심하곤 합니다. 잘 모를 때는 어떻게 분별하나요?

방언기도는 의지로 만들어낼 수 없습니다. 그러나 방언기도 속에는 자신의 의식 세계가 들어 있습니다. 나아가 무의식 세계까지 관계할 수 있습니다. 그래서 성도의 영적 배경에 따라 모든 방언기도가 다 다른 것입니다. 의심하지 않길 바랍니다.

Q 방언기도 중에는 예수님을 집중적으로 생각하며 기도하기 어려운데요, 좋은 방법이 없을까요?

기도할 때 눈을 감은 채로 귀로는 기도 소리를 듣고 눈으로는 귀로 들리는 소리를 이미지로 그리면서 하십시오. 예를 들면 '다다다' 기도가 나올 때 '다'라는 단어를 머릿속에 이미지로 그리면서 기도하는 것입니다. 집중력이 훨씬 강화

될 것입니다.

Q 특정 사람에 대해 기도하는데 생각으로는 그 사람에 대한 부정적인 생각을 하고 있을 때가 있어서 궁금했어요. 내 안에 있는 귀신이 그런 생각을 준 것인지, 아니면 마침 옆에서 속삭이는 귀신의 말을 내가 붙잡은 것인지, 단순히 맘에 안 드는 특정인에 대한 육신의 반응인지 알고 싶습니다.

심리적인 반응에서 오는 육신적인 부정한 생각은 떨쳐내야 합니다. 그 안에는 이해나 용서하지 못한 내면의 의식이 있기 때문에 그 틈을 타 귀신이 들어올 수 있습니다. 그것은 영적 쓰레기이며 사단을 도와주는 것이니 이해와 용납이 필요합니다. 그러면 마음이 편하고 넓어집니다.

Q 오늘 처음으로 현장예배를 드렸는데 난데없는 랄랄랄 방언이 계속 나오고 오른손이 돌아가는 체험을 했습니다. 그래서 목사님 설교 동영상을 찾아보니 그런 것들이 허락의 의미라고 하시더라고요. 동영상 보며 많은 것을 배우고 있습니다.

'랄랄라' 방언이 초신자들에게 주어지는 애기 방언이라고 잘못 알고 계시는 분들이 많습니다. 그러나 그 안에는 '허락'이라는 개념이 들어가 있으며 '랄랄라', '다다다'와 같은 단마디 방언은 언제든지 언어 방언으로 변할 수 있습니다. 언어 방언이나 '타타타' 같은 단마디 방언은 그 자체로 방언의 영역이 다른 것입니다. 방언을 하다 보면 성령께서 필요하다 생각하실 때 언어 방언도 주실 것입니다.

Q 방언을 하게 된 지 49일 되었는데요. 평균적으로 한밤중과 새벽에 1시간씩 꼬박꼬박 기도하고 있는데 눈을 감고 하면 눈앞에 새까만 물체가 나타나 등골이 오싹해지곤 합니다. 그럴 때마다 대적기도를 치열하게 하면 곧 사라지기는 합니다. 그렇지만 기도할 때마다 이런 현상이 일어나니 너무 힘들어서 방언을 안 하고 싶은 생각이 들곤 합니다. 영적으로 너무 손해를 본다는 생각이 들어서 어쩔 수 없이 시작하지만 기도가 끝나면 무엇보다 상쾌함의 묘미를 느낍니다. 하지만 언제까지 이런 치열한 싸움을 해야 하는 걸까요. 때로는 기도가 즐겁지가 않고 두려운 생각이 앞설 때가 있습니다. …… 정말 성령의 방언일까? 하는 의문이 들 때도 많습니다. 신앙생활을 한 지 24년 만에 받은 거라 포기하

기엔 너무 아깝고 계속하자니 치열한 싸움이 힘들어서 어찌해야 좋을지 모르겠습니다.

> 방언기도를 한 지 얼마 안 되어서 여러 가지 체험을 하는 것이니 감사한 일입니다. 두려워 안 한다면 손해 보겠습니다. 방언기도 49일간의 치열한 싸움 그대로 좀 더 하는 것이 좋겠습니다. 영적 싸움은 49년간이라도 해야 하는 것입니다. 의심하지 마시고 성령님께서 주신 것이니 그대로 받아들이기 바랍니다.

Q 저는 언제부턴가 꿈속에서 악한 영의 공격을 당할 때 피해야 되는데 몸이 마음대로 안 움직여서 예수 이름을 외치곤 합니다. 그런데 이 외침도 간신히 합니다. 방언으로도 외치고요. 그런데 혀가 제대로 말을 안 들어 애써 힘겹게 외치다가 결국엔 꿈 밖으로까지 풀어지는 바람에 실제로 제 귀에까지 들리도록 외치는 바람에 함께 자는 신랑에게 질타를 받습니다. 예수 이름을 외친 것도 이상한 말(방언)도 무섭다고 질타하다가 결국엔 신랑이 따로 자고 어쩔 땐 같이 못 살겠다고도 합니다. 그래서 저도 잠드는 게 두려울 때도 있습니다. 두 달 전까지만 해도 그랬다가 지금은

두 달에 한 번 정도 꿉니다. 이런 꿈을 꿀까 봐 저도 잠들기 전 염려가 되곤 합니다. 어떻게 하면 좋을까요?

성도님이 표현한 상황으로 보아서는 성도님의 영적인 힘이 약한 것으로 생각됩니다. 무엇보다 성도님의 내면세계를 강화힐 필요가 있습니다. 방법으로는 첫째로 날마다 성경을 주기적으로 읽으세요. 소리 내어 읽으면 더 좋습니다. 사복음서(마태, 마가, 누가, 요한)를 읽으면 좋겠습니다. 둘째로는 고백기도와 대적기도를 하면서 악한 영을 결박하고 파쇄 선포를 하십시오. 매일 열심히 하다 보면 악한 영이 공격할 때 어느새 성도님이 주도권을 쥐게 된 것을 발견하게 될 것입니다.

Q 유튜브에서 갑자기 목사님을 소개해서 방언 설교부터 듣기 시작했습니다. 돌파를 위해 방언을 늘리고 있었는데 지식적 기도를 하지 않으면 안 되는 불안감을 목사님 설교를 통해 깨버릴 수 있었습니다. 제가 최상의 영의 기도를 올리고 있음을 알았고 그로 인해 안심이 된 것은 첫째 깨달음의 은혜요, 둘째 주님께서 저더러 욥의 고난을 받았다 하시길래 이 혹독한 인생 설교를 들으

며 영적 실타래와 바늘을 믿음으로 축사했더니 항상 마음이 우직하니 아팠던 것이 사라지는 은혜를 주셨다는 것입니다. 하나님께서 이런 깊은 영의 사역자를 숨기고 계심에 감사드립니다. 자꾸 영상으로 뵈니 해맑은 어린아이같이도 보이고 전사같이도 보이고 너무 고맙습니다.

넘치는 격려의 말씀에 감사드립니다.

방언기도 시 나타나는 현상에 대한 질문

Q 기도할 때 손이 떨리는 현상이 있는데 그게 뱀을 대적하는 기도와 연관이 있나요?

그렇지는 않습니다. 손 떨림은 다만 진동 현상 중 하나일 뿐입니다. 우리가 입 밖으로 말을 하거나 소리를 발설할 때는 울림이나 떨림 현상이 나타납니다. 울림은 소리뿐 아니라 육체적으로도 나타납니다. 이때의 울림은 미미하기 때문에 실제로 감지하기는 어렵습니다. 그러나 방언기도 할 때나 성령의 기름부음이 있을 때도 몸이 진동을 하는데 우리는 그것을 느끼게 됩니다. 기름부음의 강약에 따라 진동의 폭은 점점 강해지기도 하고 점점 약해지기도 합니다.

Q 방언기도를 하면 피곤하지도 않고 오히려 상쾌해진다고 하는데 왜 저는 피곤하고 졸리는 걸까요?

돌파가 안 돼서 그렇습니다. 방언을 하면 먼저 육성이 빠져나갑니다. 집중해 기도하여 그 졸린 영역을 돌파하면 그때부터 피곤이 없고 상쾌함을 느끼게 됩니다. 피곤하고 졸릴 때는 좀 더 힘을 써야 합니다. 예수님도 이마에서 흐르던 땀방울이 핏방울이 되지 않았습니까. 힘쓰고 애써 기도하던 예수님을 생각하며 기도에 매진하면 반드시 힘든 지점을 넘어가게 될 것입니다. 예수님도 힘쓰고 애쓴 기도의 현장을 생각하며 올리는 기도는 영적 싸움이며 그것이 기도로써 돌파되는 것입니다. 기도는 돌파하는 것입니다.

Q 제가 방언하다가 입술이 오므려지면서 우~ 바람만 나올 때, 비비비 방언하다가 휘파람이 나올 때 혀는 전혀 움직이지 않는

데요, 이런 것들이 어떤 의미가 있는지 궁금해요.

방언을 말하다 보면 숨이 차고 온몸에 힘이 들어가게 되어 있습니다. 힘이 들어가고 숨이 찰 때 자신의 육신적 반응이 반사적으로 나타나는데 입이 오므려지면서 휘파람 소리를 내기도 하고 후하고 숨을 내쉬면 바람 소리가 나기도 합니다. 그것은 기도 중 나타나는 외적 현상으로 결코 부정적 의미는 없습니다. 오히려 좋은 상태일 때 나타나는 현상 같습니다. 어떤 큰 의미를 두지 않으셔도 됩니다.

Q 기도할 때 헛구역질이 나옵니다. 침도 고이고요. 그런 다음에는 시원하게 기도가 나와요. 이런 현상들이 뭔지 궁금합니다.

방언기도와 함께 내면에서 정화 작용이 일어나는 것입니다. 그렇게 정화가 이루어진 다음에 기도가 더 세차게 됩니다. 방언기도는 영계를 청소하는 것과 같으니 힘내서 열심히 기도하시기 바랍니다.

Q 저는 방언기도를 할 때 자연스럽게 손뼉을 칩니다. 왜 그런지

궁금합니다.

> 방언기도는 우리의 내면세계인 영·혼·육 모두를 아울러 좋게 합니다. 이럴 때 육신적, 심리적, 영적 반응의 현상이 박수로 나올 수 있습니다. 박수를 치는 행위에는 긍정과 부정의 의미가 다 표현될 수 있습니다. 기도자가 그 순간 어떤 분위기였는지에 따라 그 의미가 달라집니다.

Q 저는 방언할 때 가슴이 답답합니다. 왜 그런지 궁금합니다.

> 방언을 한다는 것은 기도자가 자신의 내면세계와 맞닥뜨리는 것입니다. 답답함은 자신의 영적 상태입니다. 이때는 반드시 기도로써 돌파해야 합니다. 이것이 자가 축사 현상입니다. 힘이 들고 숨도 차고 짜증스럽고 답답하거나 또는 화가 나는 등의 여러 현상이 있을 수 있습니다. 이럴 때는 더 집중해 기도하다 보면 어느 순간 확 풀어지는 때가 있을 것입니다. 할렐루야!

Q 일 년 전부터 방언기도 때 하하하 호호호 자꾸 웃음이 납니

다. 왜 그런 건가요?

좋습니다. 승리의 순간에 일종의 포효를 하게 되는데 방언기도 중 나오는 웃음 또한 그런 의미이며 치료 효과가 있습니다. 부담을 갖거나 의심하지 말고 속이 시원하도록 웃으세요. 웃어도 됩니다.

Q 기도할 때 입술이 두터워지고 입이 커지는 것 같고 거기서 물 같은 것이 흘러나옵니다. 이것은 어떤 것인가요?

방언기도를 하면서 이러한 현상이 나타나는 것은 여러 가지로 볼 수 있는데 성도님의 현상은 입술이 만져지는 것으로 보아 축사 및 정화가 이루어지는 것입니다. 동시에 예언의 영이 임할 징조로도 보입니다. 주님은 은사를 주시기 전에 먼저 우리의 죄를 정화하십니다.

Q 몇 년 전부터 기도할 때 입은 다물고 있는데 저의 의지와는 상관없이 혀는 움직임이 거의 없고 치아만 떨림이 있으면서 서로 부딪히곤 합니다. 밤에 자면서 할 때도 많고, 설교를 들으면서

도 계속되곤 하는데요, 하루 종일 그런 상태여도 힘들거나 입이 아프거나 하지는 않습니다. 어떤 현상일까요?

> 성도님의 경우, 흔하지는 않은 진동 현상입니다. 나쁠 건 없습니다. 그렇지만 치아의 떨리는 현상을 의지적으로 조금 제어하는 게 기도를 오래 계속하는 데 도움이 될 것입니다.

Q 방언기도 중에 더 이상 방언이 안 나오고 목은 뒤로 젖혀지고 입을 벌린 채 아무것도 못하는 상태로 그냥 가만히 있게 되는데 딱히 음성이 들리지는 않고 계속 이러고 있다가 나중에는 잡생각이 들어서 떨쳐버리려 기도하면 다시 방언하다 이렇게 반복하곤 합니다. 이런 현상은 왜 그런 걸까요?

> 사단의 방해를 받는 것입니다. 이러한 상태는 내면에 숨겨져 있던 것이 드러나거나 방해를 하는 것이니 기도를 못하는 상태는 잘못된 것입니다. 성도님은 이미 사단의 능력을 제어할 권세를 받았으니 의지를 굳게 해서 기도를 이어 나가야 합니다.

Q 요즘 카카카, 야야야, 쎄쎄쎄 방언기도를 하고 있는데요, 기도 중간에 기도 소리가 입 밖으로 나오지 않고 아주 작은 소리로 입 안에서 웅얼거리는 기도를 하는 것 같아요. 왜 그럴까요? 또 20년 전 성령 체험을 할 때 기도 시 목이 좌우로 돌아갔었는데 요즘 기도할 때마다 목이 돌아갑니다. 왜 그럴까요?

> 입속에서 웅얼거리는 듯한 작은 소리의 기도라도 계속하는 것이 중요합니다. 그러나 강하게 소리내어 기도하도록 노력하십시오. 그리고 목이 좌우로 돌아가는 것은 기도에 집중력을 키우는 데 도움이 됩니다. 신경 안 쓰셔도 됩니다.

Q 기도하다 아랫배에 힘이 들어가듯 팡팡 치면서 강한 소리가 나오는데 이런 건 어떤 현상으로 생각하면 될까요?

> 일종의 파쇄가 강하게 들어갈 때 나오는 현상입니다. 우리의 영적 세계는 저마다 다르고 영적 환경 또한 서로 다릅니다. 그래서 방언기도를 할 때 나타나는 현상도 저마다 다른 것입니다.

Q 기도할 때 앉아 있으면 땅에 진동이 느껴져요. 정수리에 눌린 느낌이 들고요. 방언하면 손을 흔들고 뱀같이 혀도 가끔 빼고 하면서 자가 축사가 일어납니다. 문제는 가끔 제 방언이 의심된다는 것입니다.

성령님이 주신 정상적인 방언이라면 축사 현상으로 이해될 수 있습니다. 뱀같이 혀도 가끔 빼는 것과 같은 이런 현상은 내면세계의 배후의 영이 드러난 것입니다. 계속 축사하면 이 현상이 사라질 겁니다. 사라질 때까지 기도를 계속해야 합니다. 그러나 방언 기도가 성령님으로부터 주어진 것이 아닐 때 이런 현상이 나타난다면 그것은 귀신의 역사입니다. 이때는 방언을 멈추고 정신을 바짝 차리고 귀신을 내쫓은 뒤 차분히 성경 말씀에 집중하고 내면을 주님의 말씀으로 충만히 채우고 찬송을 부르며 예수그리스도를 끝없이 송축하십시오. 반드시 바로잡히는 현상이 일어날 것입니다. 영적 세계는 현상이 비슷할 수 있으나 분명히 구분된다는 것도 놓쳐서는 안 됩니다.

Q 저는 요즘 방언하면서 춤을 많이 춥니다. 지휘도 합니다. 어

떤 현상의 방언인지 궁금합니다.

춤 그리고 찬양 지휘는 영계를 찢어놓겠지요. 성령에 감동된 사람의 악기의 음이 귀신을 쫓아낸 것입니다. 춤은 경직된 마음과 육신을 풀어놓는, 지휘하는 행위 속에는 사단을 대적하는 행위가 들어 있습니다. 이러한 성도의 모든 행위는 기도하면서 성령의 감동을 받았기 때문입니다. 결국 영적 싸움이 됩니다. 이렇게 하면 할수록 감동을 진하게 받을 수 있습니다.

Q 가끔씩 담배 냄새가 뜬금없이 맡아집니다.

그것도 은사지요. 영적인 후각이 열린 것으로 영적인 것을 냄새로 맡는 것입니다. 귀신의 정체를 알아내는 영분별의 은사를 받은 것이라고 말할 수 있습니다. 기도 중이든 다른 일에 집중할 때라도 성령에 의해 후각이 열린 분들은 이런 경험을 자주 합니다. 후각을 통해서도 성령은 우리에게 영적 정보를 주시는 것입니다.

Q 기도할 때 향기가 나요. 박하 향은 무엇을 뜻하는지 알 수 있을까요?

치유 및 기쁨을 의미합니다. 박하 및 온갖 향기를 맡습니다.

Q 저에게서 생선 냄새, 음식물 냄새, 아주 이상한 냄새가 납니다. 왜 나는지 이유를 모르겠기에 교회 다니는 게 힘들어집니다. 저는 냄새가 나 죽을 것 같은데 식구들은 아무 냄새도 나지 않는다고 합니다. 그런데 문제는 집 밖을 나서기만 하면 냄새가 난다는 것입니다. 방언도 따따따 합니다.

불쾌하고 이상한 냄새가 나는 것은 자신 속에 악한 것들의 부산물이 많이 뿌려져 있다는 증거입니다. 그런 것들을 기도로 제거해야 합니다. 축사가 많이 일어나도록 계속 기도하십시오. '따따따' 방언기도에는 자가 축사 능력이 있습니다. 두려워하지 말고 진심으로 기도하면 냄새가 사라질 것입니다.

Q 기도하다 보면 배에서부터 물방울이 올라오듯 올라오다 가

슴이나 목에서 멈추면 너무 답답합니다. 이것은 무슨 현상인가요?

일종의 정화 현상인데 단전에서 목으로 올라와 밖으로 빠져나가야 하는데 못하고 있는 것 같습니다. 이게 빠져나갈 때 트림이나 하품, 기침, 재채기가 나올 것입니다. 좀 더 기도를 계속해 그 단계를 넘어서길 바랍니다.

Q 방언으로 하나님의 뜻을 어떻게 알 수 있는 걸까요? 방언으로 기도할 때 떠오르는 생각 등이 하나님의 뜻인 건가요?

방언기도 속에서 하나님의 뜻이 드러나기도 합니다. 깨달음, 묘한 감동, 계속되는 부담감, 회개, 아니면 어떤 일에 대한 거룩한 행위 등을 통해 하나님의 뜻을 이해할 수 있게 됩니다.

Q 방언으로 기도할 때마다 파란 불빛이 보이는데 그게 무엇일까요? 가끔 연둣빛이 파란 불빛을 가릴 때가 있는데 그런 불빛이 반복적으로 보입니다. 기도할 때 다다다…라는 짧은 방언을 주로

합니다.

영계가 많이 활성화되고 있는 것으로 보입니다. 빨주노초파남보 상태로 활성화되는 경우도 많습니다. 그러다 보면 영안이 활짝 열릴 것입니다.

Q 방언기도 중이나 그냥 기도 중에 환상도 아니고 그림도 아닌데 뭔가 머릿속에서 스쳐 지나가는 것들이 있습니다. 이런 것은 무슨 의미일까요?

영적으로 열린 것일 수도 있고 잡념에 빠진 것일 수도 있으니 그 상황을 잘 분별해 보기 바랍니다. 기도 중 머릿속에 어떤 것들이 스쳐 지나갈 때의 느낌을, 예를 들어 좋았는지 아니면 두렵거나 어두운 느낌이었는지 등을 아는 것이 중요합니다.

Q 저는 기도할 때 중간중간 여러 물체들이 보입니다. 코스모스, 고사리, 소나무숲 그리고 구절초 이런 것들이 지나갑니다.

네, 열린 것입니다. 보통 처음 열리면 낮은 차원이라 사려되는 물리적 세계의 환경들이 스쳐 지나가는 일이 많습니다. 성도님은 자연의 세계가 들어온 것 같습니다. 그러나 환상은 상상이나 연상과는 전혀 다르다는 것을 기억하기 바랍니다. 방언기도를 계속하면 낮은 차원에서 높은 차원으로 점차 발전하는 자신을 느끼게 될 것입니다.

Q 기도하는 중에 무언가 확실히 보이는 건 아니지만 뭔가 생각이 떠오르고 보이는 듯한 느낌이 있어요. 기도할수록 무기가 바뀌어 가는 것 같아요. 타고 다니는 말이 주어지기도 하고, 그다음엔 막 공간을 날아다니고, 내가 전사가 되어 빛나는 원을 아주 크게 그리며 뭔가를 날리고, 화살도 있고 동시에 여러 발 기관총을 쏘듯 화살을 마구 쏘고, 철퇴를 돌리고, 얇은 원반 같은 칼을 날리는 것도 같고, 큰 성과 성곽이 보인 것도 같고 진동시켜서 그것들을 지진이 난 것처럼 부순 것 같기도 하고, 또 군화 신은 저의 발이 얼마나 큰지 한 발로 땅 위를 밟아 부순 것 같기도 하고, 또 내 손으로 불붙은 화산 같은 걸 들어서 땅속으로 집어넣기도 하고요… 이런 현상은 저의 상상인가요, 아니면 영적인 진보가 있는 건가요?

영적 진보가 있는 것입니다. 상상이 아니길 기대합니다. 그러나 이러한 능력이 주어진 것이라면 이 능력이 발휘될 때 그리고 그 후에는 성도님의 현실이 전과는 달라져야 능력을 받았다는 것이 증명됩니다.

Q 만약 악한 것이 드러난 것을 보여주셨을 때 어떻게 해야 하나요? 보여주시는 이유가 그 사람 속에 있다는 건가요?

그럴 수 있습니다. 기도로 축사하면 됩니다.

Q 방언기도를 할 때 영계가 보이는데 반짝반짝 보였다 없어지고 그러다 또 보이고 하는데 그게 천사인가요?

천사는 아닙니다. 영계는 빛의 세계입니다. 빛의 세계가 활성화되면 빛과 연결되는 부분이 있습니다. 이 부분은 우주의 영역일 수도 있습니다. 좀 더 기도하십시오.

Q 저는 카카카 타타타 방언할 때 다른 성도님이 너무 신경 쓰여 자꾸 자제하게 됩니다. 그리고 방언기도 할 때 얼굴 근육이 제

의지와 상관없이 사방팔방으로 마구 움직입니다. 특히 입이 막 사방팔방 움직이는데 왜 그러는 것인지 궁금합니다.

얼굴이 일그러지거나 씰룩거리는 것과 같은 현상이 나타난다면 의지를 가지고 절제하고 조심해야 합니다. 절대로 그대로 두면 안 됩니다. 그것은 성도님의 기도를 방해하는 영적, 심리적, 육적 상태가 얼굴 근육에 드러나서 그런 것입니다. 때로는 어떤 악한 영의 역사가 드러나서 그럴 수도 있습니다. 기도하면서 얼굴 신경에 관계하는 악한 영을 결박하고 파쇄하는 선포를 하십시오. 이 기도의 영역은 영적, 정신적 질병 치유 효과가 탁월합니다.

Q 피안수자를 위해 기도할 때 딸꾹질이 나는 것과 구역질이 나는 것은 왜 그런 건가요?

그것은 피안수자의 영적 상태를 느껴서입니다. 그렇지 않으면 안수자가 피안수자보다 영적으로 약할 때 본인 것이 드러나서일 수도 있습니다. 그러나 안수를 한다는 것은 누군가를 기도해 줄 수 있는 특별한 은사가 있어서 하는 일이라고 생각합니다. 안수를 받는 것도 하는 것도 하나님의 은사임을 생각해야 합니다.

Q 세수하고 무향 스킨만 발랐는데 남편이 저에게서 향수 냄새가 난다고 하며 가까이 다가와 킁킁 냄새를 맡고 향이 난다며 저리 가래요. 방언기도 때문일까요?

좋군요. 기도하면 향취가 납니다. 하늘의 향취지요. 축하합니다!

Q 저는 방언기도를 하면 진동 있는 공기가 몸을 휘감는 느낌을 종종 받습니다. 이건 뭔가요?

방언기도에 의해 주변이 진동한다는 것은 본인에게 이끌려 오는 것입니다. 방언기도를 오래 하게 되면 이런 특이한 현상인 모든 것을 끌어들이는 능력이 찾아옵니다. 그것도 모든 좋은 것을 끌어들이는 기운입니다. 좋은 능력입니다.

Q 오늘 기도할 때 배가 심하게 요동치며 배가 터질 듯 부풀어

오르다 풀어졌습니다. 이전에도 종종 이런 현상이 있었습니다. 질긴 모든 것이 끊어져 나가길 간구합니다.

기도를 통해 아랫배에 힘이 생기는 현상입니다. 에너지가 뭉쳤다가 풀어지고 이것을 반복하다 보면 정화되면서 더불어 힘이 생깁니다.

Q 목사님, 늘 유튜브로 은혜받고 있습니다. 저의 생각으로 사탄에게 노출을 당하는 것 같습니다. 생활 속에서 뜬금없이 친구들의 비방거리가 떠오르기도 하고 그런 걸 이겨 보려고 해도 계속 비웃는 생각이 듭니다. 속으로 예수님 피로 기도도 합니다. 내 주위에 인간관계가 힘들어집니다. 어떻게 기도해야 되는지 알려주시면 감사하겠습니다. 내 머릿속에 사탄이 숨어 있는 것인지요. 그렇다면 물리칠 방법 좀 부탁드립니다.

먼저 부정적 생각이 들어올 때마다 그 생각을 떨쳐내는 방법을 일러드리겠습니다. 생각이 들어올 때 고개를 좌우로 흔들어 털어내십시오. 상당한 도움이 됩니다. 이 부분은 본능과도 연결되어 있습니다. 그리고 예수님 보혈과 희생, 사

랑, 긍휼함에 의지해 성도님의 마음에 담기 시작하면 자신도 모르는 사이에 평안이 찾아올 겁니다. 예수그리스도의 마음과 정신을 이길 사단은 없습니다. 그리고 비방하게 되는 친구에 대한 이해가 필요합니다. 라이프스타일, 성품, 기질 등에 대해 이해하려는 긍정적 마음을 가지고 묵상하기 시작하면 반드시 공감력이 발휘되어 내면세계가 달라질 것입니다. 긍정의 모드로 들어갑니다. 사랑이 싹튼 마음을 이길 미움은 없습니다.

Q 음성 듣는 것을 크로스 체크 받았고 제 생각이 다 사라지는 역사도 있었고(갑자기 생각이 백지가 되는 은혜) 검은 운무에 '예수' 성령이 외치시며 사라지는 체험, 예언도 풀어지기도 했는데 늘 삶이 쳇바퀴를 도는 것 같습니다. 영계를 이해하려고 하며 축사의 은사를 사모하게 되어 이제야 명명백백하게 알고 배우고자 합니다.

맞습니다. 우리가 여러 가지 성령에 의해 영적인 경험을 해도 의미를 몰라 지나칠 때가 많습니다. 검은 운무 같은 종류는 영계를 방해하는 부정적 영체입니다. 은사가 있고 주님의 음성을 듣는다 해도 축사할 수 있는 기량이 있기를 축복합니다! 은사를 받은 분은 절대로 축사의 능력이 있어야 받은 은사를 지킬 수 있습니다. 꼭 기억하기 바랍니다.

Q 저는 방언 받고 나서 수시로 쉼 없이 정수리 부분이 스멀스멀하는 것 같고 가려위서 자가 축사를 해도 안 되어 고민을 많이 했었는데 오늘에서야 목사님 유튜브를 통해 그 원인을 알게 되어 안심이 됩니다. 저 같은 경우는 자꾸 긁어서 그런지 정수리 부분의 머리가 세었는데 더 심해진 거 같아요. 요즘 아침저녁 가정예배 때마다 증상이 생기면서 성경 읽을 때나 기도문을 읽을 때 자꾸 졸게 되더라고요. 그래서 축사도 해보았는데 일시적으로 멈추었다가 또다시 현상이 나타나서 몹시 힘들었습니다. 이제 안심이 되네요.

중요한 질문을 하셨습니다. 방언 은사 받고 나서 쉼 없이 방언을 계속하면 진동에 의해 피부 등이 흔들려 가려움을 유발합니다. 가려움증은 독성을 가지고 있기 때문에 피가 나도록 긁어야 시원함을 느낍니다. 이것은 방언의 진동에 의해 몸속의 독성이 드러나는 상태가 되기 때문인데 이럴 때는 뜨거운 물로 씻어주기 바랍니다. 그리고 이런 분들은 사우나를 자주 하면 피부에 상처를 안 내고도 완화될 수 있습니다.

Q 기도하거나 사람을 만나거나 어떤 장소에 갔을 때 머리가 스멀스멀하거나 두통이 있고 트림이 나오는 등의 영적 체질은 그것을 차단하거나 거부할 수는 없는 건가요. 장소를 피하거나 사람을 피하면서 살려니 혼자 기도하는 삶 외에 아무것도 할 수 없는 사람이 되는 것 같아 낙심할 때가 많습니다. 기도에 매진해서 영적 근육이 튼튼해지면 그런 영향을 받지 않을 수 있나요?

의외로 이러한 체질을 가진 분들이 많습니다. 체질적으로 열린 분들은 주위 환경에 영향을 많이 받으며 그것에 대한 반응이 트림, 방귀, 피곤함으로 나타나는 특징이 있습니다. 이런 체질로 보이는 성도님은 말씀 읽기와 듣기 그리고 기도에 매진하여 영적으로 강건함을 유지하기 바랍니다. 영적으로 더 건강해지고 더 강해지면 주위에서 파고드는 악한 영향을 파쇄할 수 있고 자신을 보호할 수 있습니다.

Q 내면이 완전히 뒤집어져 새로운 내면세계를 갖기 원합니다. 삶의 전쟁터, 영적(내면) 전쟁터, 환경의 전쟁터에서 하나님이 허락하신 영적 축복을 받아 피조물의 세계에서 하나님의 축복을 위해 하나님을 의지하고 하나님께 기도하고 하나님 말씀대로 그 땅을 차지하는 과정이다, 라고 목사님께서 사역하시는 걸 보았습니다. 그걸 보는 중에 왼손 중지가 찌릿하고 오른쪽 발바닥 한가운데가 간질거리며 통증이 오는데 무슨 일이 일어나고 있는 건지 궁금합니다.

임재가 느껴졌기 때문입니다. 집회 시에 나타나는 이런 상태의 기름부음은 전기와 빛의 역사입니다. 그렇기 때문에 찌릿찌릿 간질거리는 가려움증이 오면 그곳은 반드시 몸의 부정적 에너지에 닿은 것입니다. 온몸이 열리고 나면 더욱 강하게 성령의 임재를 느끼게 될 것입니다.

Q 방언하다 한국말로 "내가 너를 축복하노라"라는 말씀을 하시는데 이런 것이 통변의 은사인가요?

방언을 통해 주님의 음성을 듣기도 합니다. 그렇습니다. 통변의 은사입니다.

Q 목사님, 영적인 비밀들을 가르쳐 주셔서 너무 감사합니다. 알게 되니 더 열심히 기도하게 되네요. 방언하다가 예를 들어 우리말로 '열려라', '걸어가라', '빛으로' 등 짧은 마디로 나오는 것은 통변인가요? '열려라' 이것은 어떻게 하라는 건가요?

네, 통변입니다. 방언에는 우리의 영의 기도와 하나님의 음성과 천사들이 도와주는 역사가 나타납니다. 방언기도를 하면서 주님의 음성을 들을 수 있고 성령의 감동으로 방언을 통변하는 능력이 나타나기도 합니다. 성도님이 말하는 '열려라', '걸어가라', '빛으로'와 같은 내용은 자기 기도의 통변으로 이해하면 됩니다. 성령께서 통변의 은사로 그 의미를 깨닫게 하심에 성도님은 자신이 가야 할 방향을 알게 될 것입니다.

3

축사 방언에 대한 질문

 저의 직업은 심리상담사입니다. 상담하다 보면 믿지 않는 자들의 악한 영이 느껴지는데 상담할 때 축사하는 것은 실제로 불가능한 것 같습니다. 중보기도로 축사하거나 함께 있을 때 마음으로 축사하며 기도해도 영향력이 있을까요?

영향이 있습니다. 심리학 분야의 임상적 훈련을 받은 사람이 축사의 능력이 흐르고 있다면 깊은 차원의 전인적 치유를 할 수 있는 이상적인 방법일 것입니다.

Q 철로 된 영체를 녹여버리신 간증을 듣고, 저는 반대의 환상을 보아서 적어봅니다. 항상 기도하면 갑옷 입은 전령이 말을 타고 달려와 제게 무기를 주세요. 가끔은 같이 말을 타고 영계를 누비며 전쟁에 참여하기도 하고요. 몇 달 전에도 반짝반짝 빛나는 철로 된 말을 타고 달려오는 철로 된 갑옷을 입은 전령이 나타났어요. 저에겐 악한 영체로 보이진 않는데요, 철로 된 말이나 갑옷은 어떤 의미를 띠는 건가요?

> 철갑옷을 입은 전령은 강함을 나타내며 그들은 군대들입니다. 그러나 군대는 악한 영의 군대도 있고 선한 천사 영의 군대도 있습니다.

Q 목사님, 다른 게 아니라 집 안에 기거하며 활동하는 마귀를 물리치려 도움을 받고자 합니다. 혼자서 방언기도를 2시간 계속해서 하면 물리칠 수 있는 것인지 잘 알 수가 없어서요. 어머니와 막내 동생이 마귀에 영향을 많이 받고 있다고 판단됩니다. 저는 어머니하고 같이 살지는 않지만 가까운 거리에 있습니다. 어머니와 동생은 교회를 다녔는데 교통사고를 당한 이후에 나가지 않고 있습니다. 그런데 만날 때마다 어머니는 저에게 귀신 얘기를

합니다. 열심히 대적기도를 통해 물리치고는 있지만 매일 나타나는 귀신으로 인하여 힘들어 하고 계십니다. 어떤 과정을 통해 쫓을 수 있는지 알려주세요. 효과적인 방법이 없을까요?

그랬군요. 우리 믿는 자에게는 예수님의 권세가 있습니다. 성도들만의 특권입니다. 먼저 예수의 이름으로 사단 마귀를 결박하고 파쇄하십시오. 나타날 때마다 하십시오. 반복적이어도 좋습니다. 계속해 대적하면 반드시 떠납니다. 그래도 안 되면 방언기도와 예수의 이름을 번갈아 선포하고 결박 파쇄를 하십시오. 그다음으로 귀신을 보게 되면 반드시 그 귀신을 지목하고 예수의 이름으로 대적하며 결박과 파쇄를 하십시오. 이때 방언으로 기도하면 듣기 싫다고 뛰쳐나가기도 하지요. 찬송을 많이 하기 바랍니다.

Q 기도를 하는데 '다다다' 하며 내 안에 있던 어둠의 영이 흉내를 내는 것을 잠깐 보게 되었고 그 즉시 다다다 방언을 절제했는데 그렇게 하는 건가요?

어둠의 영은 천사로 가장해 나타나기도 해요. 사단 귀신들은 기도 방해를 위해서는 별짓을 다 합니다. 기도를 방해하는 세력을 막기 위해서는 사단 귀신들을 예수 이름으로 묶고 축사해야 합니다. 절대 속지 마시고요, 절대로 밀리면 안 됩니다. 열심히 기도하기 바랍니다.

Q 방언을 받고 일주일 정도 되었을 때 기도하다가 따따따따 방언이 나오고 소리가 커지고 속도가 빨라지더니 갑자기 카악카악 고양이 화났을 때 나는 소리가 나왔어요. 계속 방언을 하니 안에서 덩어리 큰 것이 나오면서 목을 막아 숨을 못 쉬게도 하고 입이 크게 벌어지면서 남자 목소리가 튀어나왔어요. 굵은 남자 목소리로 허허허허 웃기도 하고… "나야 나!"라고 말도 했어요. 악의 영이 몸에 있는 것은 확실한 것 같습니다. 궁금한 것은 계속 방언을 하면 이 악한 것들이 저절로 나갈까요?

이런 질문을 주셔서 감사드립니다. 영적 정체가 드러난 것입니다. 네, 맞습니다. 계속 방언기도를 하면 악한 영이 못 견디고 나갈 것입니다. 이 기도의 영역은 영적, 정신적 질병 치유가 탁월합니다. 기도가 그들의 정체를 드러낸 것이니 염려하지 마시고 기도하십시오.

Q 제가 적어도 3시간 이상 방언하여 영을 볼 수 있는 정도로 들어가야 주변에 귀신으로 인해 고통받는 사람들을 도울 수 있는 거겠죠? 그렇다면 보지 못해도 방언할 때 중보 대상자를 두고 축사 방언을 하는 것이 안 하는 것보다는 효과가 있을 거라 생각하는데 영안이 열리기 전에는 그냥 축사 방언으로 중보하는 것이 최선일까요?

> 꼭 3시간을 해야 영이 보인다고는 할 수 없습니다. 그것은 시간의 길이로 정해진 것이 아닙니다. 하지만 그만큼 하나님께 드리는 기도는 중요합니다. 남을 돕는 영역은 또 다른 능력이 있어야 가능합니다. 본인의 삶과 타인의 삶을 위해 축사와 선포를 하는 것은 좋습니다.

Q 기도할 때 몇 번씩 숨을 끝까지 길게 뿜어내는데 그것이 안 좋은 기운들이 빠져나가는 것인지요? 그리고 자가 축사가 가능한 사람이 다른 사람에게 축사기도를 해줄 때 기도해 주는 사람이 눈으로 악한 영이 나가는 걸 볼 수 없으면 위험한 거 아닌가요? 영안이 열릴 때만 해야 하는 거 아닌지요?

숨을 길게 뿜어내는 것은 정화입니다. 영안이 열려야만 축사하는 것은 아니지만 믿음을 가지고 기도하세요. 그러나 영안이 열려야 악한 영이 나가고 들어가는 것을 알 수 있고 나가거나 파쇄되는 장면을 보아야 기도가 끝이 나는 것은 맞습니다. 이것도 과정 중 하나이니 열심히 기도하기 바랍니다.

Q 방언기도 할 때 제 속에서 괴성을 지르게 됩니다. 악한 영이 많아서 그런 건가요? 보통 대장 마귀가 나가면 졸개 마귀도 끌려 나가는데 저 같은 경우는 계속 졸개만 나가는 건가요?

괴성은 악한 영이 나가면서 지르게 되는 것입니다. 방언기도는 자기 속에 있는 모든 것을 정화하게 될 것입니다. 방언기도는 자신도 모르게 온몸에 힘이 들어가면서 악한 것들을 쫓아내고 자신을 지키는 힘이 생깁니다. 예수님을 믿는다고 해도 주 오시는 날까지는 사단이 역사한다는 사실을 알게 되길 축복합니다.

Q 결박기도, 대적기도, 파쇄기도의 차이점은 무엇인지요? 결박

은 활동하지 못하게 묶는 기도를 하는 것이고, 대적은 나가도록 쫓아내는 기도로 알고 있습니다. 파쇄기도는 어떤 의미인가요? 파쇄는 깨부순다는 뜻인데 귀신이 부서지나요? 아님 무저갱으로 보낸다는 뜻인가요?

> 파쇄기도는 악한 영체를 안전히 해체시키는 능력입니다. 귀신은 영체입니다. 그 에너지를 방언기도로 파쇄하는 것입니다. 결박된 상태로 내쫓아야 합니다. 예수님의 이름으로 결박시킨다는 것은 귀신의 활동을 제어한 것입니다. 그냥 쫓아내면 다른 곳에 가서 역사할 겁니다. 주님께서는 사단의 능력을 제어할 권세를 우리에게 주셨습니다.(마가복음 16:15~17) 그들의 영역은 무저갱이니 주님이 오셔서 무저갱으로 영원히 보내실 겁니다. 다만 지금은 그들의 활동 유효 기간 중일 뿐입니다.

Q 두 달 전쯤에 조상죄, 우상숭배죄를 회개했더니 곤충, 까마귀, 도마뱀, 돼지 떼들이 나오고 무당이 섬기는 신이 나왔는데 아직 질병이 치료되지 않은 걸 보면 큰 귀신이 안 나온 것이지요? 동물들 종류에 따른 의미가 다른 것 같은데 어떻게 해석해야 될

까요?

부정한 동물이나 곤충들이 잡다하게 나타나는 것은 주로 낮은 수준의 영이라 생각합니다. 또 이러한 부정한 것들은 그 사람의 성격, 스타일, 기질, 성품과 무관하지 않습니다. 질병 치료는 병마가 나와야 할 것입니다.

Q 저희 가족들의 악한 영들을 대적하고 싶은데 그들을 떠올리며 방언기도를 드리면 되는 건가요?

가족을 앞에 놓고 하는 것처럼 가족의 이름을 하나하나 부르고 마음으로 떠올리면서 기도하세요.

Q 다다다 두두두 방언은 방언을 하는 사람들에게 어느 정도 성장하면 나타나는 방언이 아니라 방언을 하는 사람들 중에서도 전쟁의 영을 받은 사람들에게만 나타나는 건가요?

방언의 영역이 모두 다릅니다. 전쟁의 영을 받아야만 나타나는 것이 아니라 이 방언을 하면 영계에서의 전쟁 수행이 수월해집니다.

Q 기도하는데 손이 자동으로 움직여 뱀 목을 조르는 현상을 보았어요. 아바바바 하바바바 아바바바 방언하면서 저도 뱀 목을 두 손으로 잡고 무섭게 졸랐어요.

맞습니다. 단마디 방언기도에는 이러한 능력이 장착되어 있습니다. 저는 개인적으로 영적 싸움에서 코브라를 손으로 잡고 허리를 꺾은 경험을 했습니다. 어떤 분은 손으로 뱀을 잡고 찢어버리기도 합니다. 이러한 상태가 되는 것은 영적인 힘이 이미 그 사람에게 장착되었기 때문입니다. 기도를 많이 하기 바랍니다.

Q 스카스카스카, 세이세세, 로리로리, 샤샤, 사사사, 키키키, 쌰쌰쏘쏘 또는 쎄이쎄이쎄이, 두구두구두구, 나나나 방언을 하게 되는데 어떤 뜻을 가지고 있을까요?

방언 풀이 속에서 벗어난 것은 대부분 본인만의 특별한 영역임을 알았으면 합니다. 이 다양한 영역은 하나님과의 관계, 사람과의 관계, 물질과의 관계 속에서 모든 어려운 문제를 푸는 열쇠를 가지고 있고 갖가지 능력과 다양한 은사가 개인마다 다르게 풀어지는 것이며 우리의 영을 고무시키는 일인 것입니다. 그렇기 때문에 자신에게 어떤 단어의 방언기도가 나오느냐보다는 성령이 이끄시는 대로 받아들이는 것이 가장 바람직합니다.

Q 저는 방언을 사모하고 확신을 가지고 하고 싶습니다. 10여 년 전 다른 교회 수련회 때 회개하며 할렐루야를 반복하다가 랄랄라 방언을 받았습니다. 그간 잊고 지내다가 요즘 다시 하는데 기도 중에 자연스레 나오지 않고 제 의지로 하고 있어서 성령님이 주시는 건지 모르겠습니다. 믿음으로 하긴 하는데 우리 교회는 전혀 방언하지 않고 거의 침묵기도를 하는 수준이라서 소리도 약하게 하게 됩니다. 제게 일어나는 것들이 성령님께서 주시는 건지 목사님 견해를 듣고 싶습니다. 주로 할렐루야 랄랄랄라 할랄라 다다다다다 파파파파 도도도도도 이렇게 합니다. 한두 시간 하는데 소리가 약하고 힘이 없고 좀 크게 하면 목이 아픕니다. 유튜브 잘 시청하면서 같이 기도하고 있습니다. 감사합니다.

방언은 성령님이 주신 것이지만 일단 방언을 받은 성도는 언제든지 시작과 끝냄을 본인의 의지로 할 수 있는 것입니다. 염려하지 않아도 됩니다. 성령님이 주신 것인지 의심이 나 염려를 하지 말고 계속 기도하기 바랍니다.

Q 좀 궁금한 게 있는대요, 지난주 집회 마치고 다음 날 일어났는데 팔과 다리에 두드러기가 막 올라오더니 아직도 그런 상태입니다. 이런 현상은 영적인 것일까요? 그리고 평소에 기도 시 방언한 뒤 바로 한국말이 나오는 경우가 있는데 이게 통변이 맞을까요? 기도 후 저는 가끔씩 주님께서 주신 마음을 글로 쓰는 습관이 있는데요. 방언하고 한국어 쓰고 이런 식으로요. 이것도 혹시 통변인가요?

피부에 나타나는 두드러기 현상은 성령님의 기름부음에 의한 정화 과정입니다. 좋아요. 두드러기 증상은 시간이 지나면 자연 없어집니다. 그것은 은혜입니다. 두드러기로 나타난 것은 성도님 내면에 풀거나 축사해야 할 영역이 많이 있었다고 보아야 합니다. 또 방언기도 후 한국말이 연이어 나오는 것은 통변이라 할 수도 있습니다. 무엇보다 주님의 은사를 한글로 쓰는 행위는 통변이 맞습니다.

Q 저는 모태신앙은 아니지만 중간에 힘든 일을 겪고 하나님을 만나게 된 경우입니다. 그래서 더욱 하나님이 뜨겁게 연단하신 것 같습니다. 특히나 외국에 와 살면서 더욱 살아 계신 하나님을 체험하게 해주셨습니다. 작년쯤부터 머리에서 자꾸 소름 돋는 쥐가 나는 기분(?)이 들기 시작하더니 점점 심해졌고 이젠 상대의 기분이나 상태에 따라 온몸으로 영향을 받습니다.

가끔 그런 더러운 영들이 보일 때가 많습니다. 특히 중보기도하고 그 당일이나 기도가 쎈 경우에는 며칠씩, 집에 누군가가 왔다던가, 사람 많은 곳을 갔다 오면 항상 보입니다. 주로 천장에 검은 것들이 보입니다. 그들의 이빨이 보이기도 하고 입 주변 피부에 있는 털들까지 자세히 보일 때도 있습니다. 그런데 그런 것들에 대한 두려움은 없지만 계속되니 피곤합니다. 그런 것들이 보이면 방언기도를 하고 대적기도를 하면 잠잠해집니다. 남편이 한동안 머리에 어지러움을 호소했는데 그 어지러움을 만들어내는 이상한 작은 벌레 같은 것도 본 적이 있고 남편 머리에 큰 거미가 붙어 있는 모습도 본 적이 있습니다.

물론 실제는 아니고 영적인 것들입니다. 그럴 때마다 저는 불

잡고 기도하고 대적하는데 남편은 전혀 영적인 크리스천이 아니라 이해를 하지 못해 더 답답합니다. 저는 애 둘의 엄마이기에 아이들을 돌봐야 하는데 영적 공격으로 너무 피곤할 때가 많습니다. 괴롭습니다. 그렇다고 누군가에게 털어놓을 수도 없습니다. 기도 모임 사람들에게는 이러한 영적 얘기를 할 수가 없습니다. 성경적이지 못하다는 겁니다. 이런 것들을 아는 친구에게 얘기하는데 해결책이 없습니다.

사실 저는 기운이 느껴지는 것이 일상생활에 문제가 생기니 참 힘듭니다. 정말 하나님께서 쉬지 않고 찬양하고 기도하게 만들고 계십니다. 교회에서 만난 사람들도 대부분 기운들이 있습니다. 제가 느끼지 못한 사람들은 기도하는 사람들이었습니다. 어느 날은 처음 만난 사람이었는데 전혀 그런 게 느껴지지 않아서 너무 신기했는데 알고 보니 크리스천이었습니다. 아마도 기도를 많이 하시는 분 같았어요. 기도하시는 분들에게서는 그런 게 느껴지지 않아요.

교회 다닌다고 다 그런 게 아니고 정말 기도하는 분들은 안 그럽니다. 너무 힘들어서 이 부분을 두고 기도했는데 하나님께서 마음 주시길 모든 사람이 그런 영적인 부분에서 공격이 있는데 나는 하나님이 그 은사를 허락하셨기에 그런 모든 기운을 느끼게 해주셔서 기도와 찬양으로 털 수 있지만 다른 사람들은 그런 걸 털어내지 못하고 그것들을 흡수한다고 말씀주셨어요. 그럴 수밖에 없어요. 안 그러면 일상생활을 할 수가 없어서요. 근데 목사님이 보시기에 혹시 제가 뭔가 잘못하고 있는 것은 아닌지요? 제가 이 눌림으로부터 좀 자유로워질 수는 없을까요? 평생 사람들의 기운을 느끼고 그 짧은 시간 엄청난 눌림을 느끼는 그것을 전 감당할 에너지가 없는 것 같습니다. 하나님께서 저에게 이 은사를 허락하신 이유가 있지 않을까 싶습니다. 이런 이야기를 저희 목사님에게는 털어놓지 못합니다. 매우 영적인 얘기라⋯ 그래서 이렇게 목사님께 털어놓습니다. 너무 바쁘실 텐데 들어주셔서 감사합니다. 혹시나 시간 되시면 기도 부탁드립니다. 축복합니다! 하나님 안에서 승리!!

긴 사연에 답변을 간단히 하겠습니다. 모두 공감되는 말씀입니다. 오감이 열리는 분들은 이와 같은 현상을 겪습니다. 영적 세계도 오감을 통해 정보를 받을 수 있기 때문입니다. 에너지를 흡수하고 또한 정화하기도 합니다. 힘든 일입니다. 사실 힘든 사역이 되기도 하는 이유입니다. 잘못된 것은 없습니다. 좀 더 자유로울 수 있는가? 그러려면 성도님이 좀 더 강해지는 것이 필요합니다. 열심히 기도하다 보면 기도의 보호막이 강하게 형성될 것이고 훨씬 가볍게 감당할 수 있게 될 것입니다. 지금은 과정에 있는 것이니 좀 더 경건함을 가지고 충실한 영적 관리가 필요하다 하겠습니다. 감사드립니다.

4

방언 소리와 음률과 방언 찬양에 대한 질문

Q 처음 방언을 받을 때는 크고 거칠고 세게 나오더니 7개월째인 언제부턴가 방언으로 찬양이 나오네요. 요즘은 기도가 부드럽고 찬양으로 거룩한 기운을 느끼곤 해요. 이것도 감사한 일이지만 기도를 하는데 왜 더는 돌파가 안 되는 건지 초조하기도 하고 궁금해져요. 기도는 성령님이 인도하시는 거니까 제 의지로 바꿔서 하는 것이 아니잖아요. 저처럼 부드러운 기도가 계속 나오는 상태는 영적으로 어떤 건지 알고 싶고요, 요격기도를 하려면 어떻게 해야 하나요?

좋은 질문입니다. 다른 분들에게도 도움이 될 질문이라 생각합니다. 처음에는 크고 거칠고 세게 나왔던 방언이 7개월 후 방언 찬양을 하게 됐다면 비교적 빠르게 돌파 내지 진행이 된 거네요. 좋은 현상입니다. 각자의 영적 상황에 따라 다르게 진행되는 것이지만 성도님은 잘하고 계십니다. 사실 방언 찬양은 하고 싶어도 쉽게 나오는 것이 아닙니다. 부드러운 영 찬양 속에는 대부분 감사와 송축과 고백이 들어 있을 것입니다. 요격기도란 색다른 기도라기보다는 영적 세계에서 기도가 하는 일을, 즉 악한 영과의 싸움에서 악마를 공중분해시키는 장면을 묘사한 것입니다. 많은 기도가 저축돼 있다면 유익할 것입니다.

Q 왜 저는 방언이 랄랄라만 나올까요? 제가 억지로 타타타를 하니 기도가 막히는 것 같아 힘들었어요.

성령께서 주신 것이니 성령이 인도하시는 대로 하면 좋겠습니다. 랄랄라는 허락의 의미가 있다고 말씀드렸습니다. 기도가 왜 막힐까요? 성령이 원하시는 기도의 영역을 넘어 인위적인 본인의 의지대로 하려고 욕심내기 때문입니다. 주님을 믿고 모든 걸 주님께 맡기십시오.

Q 쎄쎄쎄 방언할 때 휘파람 소리가 나오는데요, 무슨 뜻인지 알 수 있을까요?

휘파람에 특별한 의미는 없습니다. 방언기도를 할 때 나오는 단어는 다양하고 저마다 상황에 따라 달리 나올 수 있으니 이런 소리에 너무 민감하지 않길 바랍니다.

Q 츠츠츠 방언기도를 할 때는 무언가 희미한 물체가 보이고 입이 잘려나가는 것이 보입니다. 가끔 물체가 흐느적거리는 것같이 보이기도 합니다.

물체가 흐느적거리는 것처럼 보이는 것은 그 물체가 성도님의 방언기도를 통해 힘을 잃은 상태가 된 것입니다. 그 안에서 강력한 파쇄가 일어났기 때문입니다. 파쇄가 일어나고 있는 것을 보고 계신 것은 성도님의 영안이 열린 것입니다.

Q 저는 가끔 기도가 세게 나올 때가 있어요.

방언기도 중에 세게 힘이 들어가는 영역은 영계에서 마주한 부정적 영체들과의 힘겨루기가 있을 때입니다. 방언기도를 계속하면서 이 상태를 돌파해야 합니다.

Q 몇 가지 문장으로 돌아가면서 계속 반복되는 방언은 어떤 것인지요?

그 영역은 아마도 넓고도 깊은 영역이 될 것이며 그 영역을 돌면서 파쇄하고 돌파해 나가는 것이니 기도를 계속하십시오.

Q 방언을 하다가 목소리가 반 키씩 올라가며 음높이를 일정한 규칙으로 올리며(반음계) 하고 있는데 이런 현상은 무엇일까요?

여러 현상이 있겠으나 중요한 것은 영으로 찬양하려는 시도로 보인다는 점입니다.

Q 기도할 때 방언에 음가락이 붙어요. 찬송가나 복음성가 전체나 부분이 방언으로 흘러나와요. 전체나 부분이 반복되기도 하고

요. 오늘은 야야야야 할 때도 가락이 붙었어요.

기도가 쉽게 되지요. 아주 좋은 현상입니다. 노래하며 싸우시네요.

Q 몇 주 전부터 라라라라 하면서 음을 타는데 노래는 아닌 것 같고 무엇인지 궁금해요.

음을 탄다는 것은 일종의 노랫가락입니다. 영찬양의 일부입니다. 해왔던 대로 그대로 하면 더 많은 영찬양이 풀어져 나올 겁니다.

Q 저는 랄랄라 라이라이라이를 반복하며 억양으로 방언이 나오며 마음이 평안해지고 기쁨이 몰려옵니다. 주기도문으로 기도를 마무리합니다.

네, 좋습니다. 랄랄라 라이라이라이 라이라이라이라이 라리리리리 라리리리리가 될 겁니다. 할렐루야! 이 기도는 성도님의 마음을 차분하게 해주며 평안이 찾아옵니다.

Q 아르르르 우르르르 카르르르 주로 이런 소리를 내는 방언을 할 때 입 모양이 고정되고 혀가 입천장을 때리고 떨면서 합니다. 1초에 르 하나를 4~5회 정도 하는 겁니다. 방언기도를 한참 한 후에 나오고요. 길게는 13초 정도 숨 안 쉬고도 합니다.

방언 상태를 아주 섬세하게 제대로 표현했습니다. 이것은 은사 영역이 되겠습니다. 은사가 나타날 때까지 방언기도를 반복해서 계속하십시오.

Q 저는 단 방언을 주로 하는데 발음은 여러 가지가 돌아가면서 바뀌다가 요새는 중국말 비슷한 발음과 어조로 나와요. 또 음이 새소리처럼 아주 높은 음으로 나오기도 하고 마치 주님 앞에서 재잘재잘 수다 떠는 느낌이에요. 그렇게 단 방언, 중국말 같은 방언, 고음 방언으로 바뀌가면서 나오는데 자연스런 현상이겠죠?

어떤 것이든 좋지만 이 영역을 지나가되 더 깊은 영역으로 가면 좋겠습니다. 성도님은 방언이 바뀌는 과정을 겪고 있는 것입니다.

방언기도와 관련된
또 다른 질문

Q 양신일 경우 어떻게 해야 오직 성령의 인도만을 받을 수 있을까요?

일단 방언을 멈추고 먼저 양신 역사인지 신앙 점검을 해야 합니다. 성도님의 말씀과 기도, 신앙생활에 대한 상태는 담임 목사님이 잘 아실 것이니 목사님의 권고를 받으면서 전진하길 바랍니다.

Q 어젯밤 꿈에 목사님을 뵈었어요. 그런데 실제로 엉엉 울었어요. 왜 울었는지는 모르지만요.

마음에 있으면 꿈에도 있다는 옛말이 있습니다. 어쩌면 유튜브를 들으면서 좋게 생각하고 마음에 담았기에 그런 꿈을 꾼 게 아닌가 합니다. 결코 슬픈 울음은 아닌 것 같아 보입니다. 울음 끝이 속을 시원하게 해주었을 것이며 마음에 있던 문제도 풀렸을 것입니다. 울음도 웃음도 심리적 치유의 능력을 가지고 있습니다. 엉엉 운 것은 더욱 좋습니다.

Q 아이가 여덟 살인데 너무 집중을 못하고 발달이 늦어요. 병원 가서 진단받는 게 두려워서 안 하고 있는데 저희 아이는 애매한 것 같아요. 숙제를 같이하다 보면 너무 기억을 못하고 산만해서 제가 너무 괴롭고 감정 조절이 안 돼요. 아이 때문에 여기저기 축사 받으러 다녀도 아이는 별 효과를 보지 못했어요. 병원 가서 진단받고 약 먹이면 도움이 될까요? 저 좀 살려주세요.

일단 병원 진단과 치료가 필요할 수 있겠습니다. 병원에서 하라는 대로 하되 반드시 엄마의 간절한 마음으로 아이의 머리에 손을 얹어 축복 기도를 해주기 바랍니다. 병원을 두려워하면 안 됩니다. 병원은 사람의 병을 고치는 곳이지요. 의사는 존귀한 하나님의 사람들입니다. 그러나 반드시 건강한 예배 생활과 치유 기도를 함께 진행하기 바랍니다.

Q 자위행위가 죄인가요? 집사람이 부부관계를 하기 싫다고 합니다. 그렇다고 성욕을 참아야 하나요?

거룩하지 못한 행위가 습관이 되는 것은 바람직하지 않습니다. 사단에게 빌미를 줄 수 있기 때문입니다. 반드시 아내분과 상의하여 상황을 조금씩 개선해 나가야 합니다.

Q 목사님, 영적 계급에서 별 두 개면 어느 정도인가요?

성령께서는 영적 계급의 체계를 우리가 이해할 수 있도록 물리적 세계의 계급으로 보여주시는데 그것이 영계에 미치는 영향력은 정확히 알 수 없습니다. 다만 축사되어 나가는 영역을 보게 되면 얼마만큼의 힘인지 또 천사의 영들이 어떻게 돕는지 알 수 있고 그러한 상태를 보면서 영적 계급의 위계를 가늠하게 됩니다.

Q 영이 맑은 것과 영 체질의 차이가 무엇인지요? 영이 맑아서 20년을 고생했어요. 그런데 최근에야 알아보니 체질도 영 체질이라고 합니다. 형제들도 비슷한 경향이 있더라고요. 친모도 그리시고요.

영이 맑은 것과 열린 체질은 결이 약간 다르다고 할 수 있습니다. 영혼이 맑고 순수한 사람은 명확하게 이해타산에 약하고 세속적인 사고방식에 대해서도 반대의 개념을 갖고 있기 때문에 세상적인 사람에 대한 이해의 차이에서 곤란을 겪을 때가 있습니다. 엄밀히 말해 영 체질이란 말은 없고 열린 체질이란 말은 있습니다. 열린 체질은 보통 사람에 비해 기의 흐름의 순환이 많이 일어나는 사람입니다. 그렇기 때문에 주변의 기의 흐름에 민감하고 쉽게 노출되는 경향을 가지고 있기에 좋은 장소와 좋은 사람과의 만남이 중요합니다.

Q 안수받을 때 왜 쓰러지는 건가요?

구약에 보면 하나님의 임재가 나타날 때 인간이 쓰러진 상황에 대해 설명하고 있습니다. 열왕기상 8장 11절에 "제사장이 그 구름으로 말미암아 능히 서서 섬기지 못하였으니 이는 여호와의 영광이 여호와의 성전에 가득함이었더라"고 기록되어 있습니다. 그렇다고 일부러 쓰러질 필요는 없습니다. 그러나 집회 시에 성령께서 인도자와 함께하시므로 손을 얹으면 핑하고 쓰러지게 되는 것입니다. 저절로 힘이 빠지는 것입니다.

필자의 경우는 처음부터 버틸 작정을 하고 버티었으나 번개 같은 빛이 머리 뒤쪽에서 시작하여 등을 가로질러 'Z'자 형식으로 정강이를 치고 나가는 경험을 했습니다. 당황스러웠지요. 의심의 보따리를 내려놓고 겸손해졌습니다. 정강이는 정확하게도 쓰러질 수밖에 없는 부위입니다. 그 점이 더욱 가슴에 남아 깨닫게 했습니다. 우리가 어린 시절 친구들과 장난칠 때 살그머니 다가가 상대의 정강이를 손으로 치고 달아나던 때를 기억한다면 쉽게 이해할 수 있을 겁니다.

Q 영안이 열린 분이 있는데요. 환상은 자주 보여주는데 꿈은 아

예 없다고 했어요. 왜 그런 걸까요?

개인적인 차이일 뿐입니다. 어떤 것이 더 옳은 것이 아니고 저마다 다른 것입니다. 남의 은사보다 내게 역사하시는 하나님을 보길 바랍니다.

Q 어떤 분이 하나님의 음성은 반드시 이뤄진다고 하셨는데 저도 그 말씀에 동의합니다. 근데 궁금한 것은 만약 안 이뤄지면 그것은 하나님이 주신 환상이 아닌 걸까요? 제가 중환자(불신자)로 입원 중인 친구 남편을 위해 기도했어요. 어느 날 그분을 생각하며 방언기도 중에 또렷한 영상을 봤어요. 휠체어를 타고 그 부부가 맨 앞줄에 앉아 예배를 드리며 어찌나 신나게 박수 치며 찬송을 하던지 그 기쁨에 찬 표정이 너무나 생생해요. 바로 이어진 장면이 그 부부가 단에 올라 무릎 꿇고 세례를 받는데 머리에 떨어지는 물방울이 주르륵 흘러내리는 모습이었어요. 기도 중에 전 그런 장면을 보며 저렇게 되면 얼마나 좋을까 그런 생각 중에 아이가 문을 열고 부르는 소리에 기도가 중단됐어요. 사실 처음이라 그 당시엔 제 상상인지 환상인지 구분이 잘 안 갔어요. 전 그런 구체적인 상상을 처음 해본 거니까요. 그런데 그분이 몇 달 후

병원서 돌아가셨어요. 하나님의 음성이면 반드시 이뤄진다고 믿고 있었는데 이건 뭘까요? 한동안 기도로 하나님께 여쭤봤지만 말씀을 못 들었어요. 목사님, 이게 제가 상상한 걸까요 아니면 주님께서 주신 환상이 맞을까요? 맞다면 왜 살지 못했을까요. 주님 믿고 천국에 갔을까요? 목사님은 분별이 가능하실 것 같아서 여쭤봅니다.

> 사람에겐 자신의 의지나 경험과 관련된 상상과 연상이란 영역이 있습니다. 이와는 다르게 환상은 하나님으로부터 주어지는 것으로 내 의지나 비전과는 다른 것이지요. 성도님이 표현한 부분은 제가 볼 때 친구 남편을 향해 기도하며 간절한 그 마음에 따라 연상으로 구성된 것이 아닌가 합니다. 의도적인 것은 아니었겠지만 그런 제목과 비전이 있었겠지요. 환상은 하나님의 뜻을 알게 하고 우리를 깨닫게 하기 위해 있습니다. 하나님께서 작정하시는 일은 그분 뜻대로 되겠지요.

Q 기도하다 잠이 들었습니다. 이날 하늘에서 황금 키가 내려와 사람들에게 내려준다는 말씀을 하셨어요. 그래서 사모함으로 황

금 키 주심을 감사합니다, 라고 기도했는데 꿈속에서 빨간 가방을 친구 목사님이 아주 비싼 거라면서 저를 주시더군요. 그래서 고맙다고 받았는데 이 꿈이 너무 기억에 남고 기쁘고 즐거웠어요. 혹시 무슨 뜻인지 궁금해서 목사님께 여쭈어봅니다.

너무 좋은 내용입니다. 가방은 중요한 소지품을 넣는 것이지요. 새것은 새로운 비전과 복됨이 이미 예비되어 있음을 알려주는 것이고요. 감사합니다.

Q 속불에 대해서 말씀해 주시는 분은 목사님밖에 없으셔서 이렇게 문의를 드립니다. 2, 3일 전부터 오른쪽 아랫배 안쪽이 뜨거웠습니다. 통증도 없고 겉이 뜨겁지도 않은데 뱃속에 핫팩을 넣은 것처럼 너무 뜨거웠습니다. 이런 증상이 목사님이 말씀하시는 속불일까요…?

지금 문의한 것이 임재와 관련된 질문이길 바랍니다. 그렇다면 속불이 맞습니다. 그러나 몸의 다른 이상일 수 있으니 그 점도 확인하신다면 좀 더 확실해질 것입니다. 저의 개인적인 사례를 말씀드린다면 어느 날 불현듯 뱃속에서 불이 나타났습니다. 왼쪽 옆구리에서 시작된 커다란 공이라는 표현이 맞을 것입니다. 이러한 뜨거운 불이 왼쪽에서 시작해 오른쪽으로 구르듯 움직이더니 가슴 위로 올라와 어깨를 넘어 온몸을 돌아다니다 사라졌습니다. 분명 겉의 피부는 아무렇지도 않은데 뱃속은 뜨거운 것입니다. 성도님과 함께 나누게 된 것을 감사드립니다.

6

기타의 체험들

꿈으로 드러난 상황들

🖊 사단은 사람을 통해 교회와 목회자를 공격한다

어느 날 기도 중 어떤 성도의 형상을 한 사단의 역사를 보았다. 그 사람은 강대상에 올라오더니 여러 번 뛰어내리는 등 소란을 피우는 것이다. 여러 날 후 그 사람은 교회를 우습게 여기는 행동을 하고 비방하는 등의 일을 자행했다. 사단은 먼 곳에 있지 않다. 복음에 반대하는 세력은 언제나 복음 주변에서 서성이다

반기를 들고 대적 행위를 한다. 사단은 사람을 통해 역사한다.

🖋 회색 봉고차가 오던 날

송구영신을 마치고 깊은 잠에 빠져들었다. 꿈속에서 높은 산꼭대기를 오르고 있었다. 정상에 거의 도달할 즈음 눈앞에 멋진 회색 봉고차가 보였다. 너무 반짝거리고 이뻤다. 그 옆을 지나 정상에 올라서는데 몇 사람이 모두 편안한 모습으로 휴식을 취하고 있었다.

그 후 한 달쯤 지나 갑자기 봉고차가 배달되었다. 그 차는 내가 주문한 것이 아니기에 차종도 색깔도 모두 내 의지와는 상관이 없었다. 한 성도의 헌신이었다. 갑자기 봉고차를 주문하고 싶었다는 것이다. 의논 없이 일사천리로 진행되었다. 내 앞에 당도한 봉고차를 보고 나는 웃을 수밖에 없었다. 꿈에서 본 바로 그 차였기 때문이다.

이것은 기도의 역사라 믿는다. 산은 기도의 산이요, 기도에는 정량이란 게 있다. 축복에 그 정량이 차면 응답이 주어진다. 중요한 것은 봉고차를 달라고 기도해 본 적이 없고 어떤 필요를 느낀 적도 없다는 것이다. 주님은 낡은 차를 타고 사역하는 나에게 봉고차가 필요하다고 여기셔 공급하신 것이리라. 지금도 주님과 그 성도께 감사를 드린다.

열린 영감을 통해 감각으로 알아차리는 역사들

음식에도 그 사람의 기운이 담긴다

교만과 시기심과 질투심과 물질 욕심이 많은 성도를 볼 때가 많다. 그런 성도의 특징은 기도하지 않으며 예배 생활을 하지 않는다. 모든 것을 자기 본위로 생활한다. 교회 나오는 목적은 단하나 복 받기 위함일 것이다. 영적인 이야기는 더 싫어한다. 목사를 대적하고 혈기가 왕성하며 믿음이 없다. 때로는 목사를 대접하면 복을 받는다는 말은 어디서 들은 것 같은 행동을 할 때가 있다.

어느 날 한 성도가 음식을 조금 가지고 왔다. 나는 감사한 마음으로 받아서 먹기 위해 열어보았다. 보기엔 별 이상 없는 음식 같은데 음식에서 느껴지는 기운은 말로 표현하기 어려운 것이었다. 더럽기가 그지없고 버리고 싶은 마음이었지만 준 성의를 생각해서 젓가락으로 집어 들고 맛을 보려는데 더는 참을 수 없는 구역질이 올라왔다. 아주 심하게…. 나는 그 음식을 덮고 무슨 이유일까 곰곰이 생각하며 되돌려 성도에게 확인하고자 했다. 대뜸 내뱉는 성도의 대답은 이랬다.

"못 먹었겠지요. 아휴, 그냥 주워서 요리한 것인데 못 먹을 겁니다. 버리는 야채들을 아까운 마음에 주워 모아 음식을 했는데 도저히 먹을 수가 없어서 버리느니 목사님에게라도 주어야겠다 싶어서요."

솔직하게 토설한 것도 하나님의 섭리였을 것이다. 참으로 흥미로운 말이다. 음식은 바로 그 사람의 마음이 깃들어 있는 것이다. 나는 수넴 여인의 헌신의 의미를 곰곰이 생각하면서 섬김이란 무엇인가, 수넴 여인의 분별력과 성심과 배려 그리고 그녀의 주밀함이야말로 하나님과 사람을 섬기는 자세가 아닐까 생각해본다.

나의 어머니는 참으로 조신하고 얌전한 분이셨는데 남에게 음식을 주실 때는 가장 좋은 것으로 준비하셨다. 우리나라는 추수 후에 가을 떡을 해 주위 사람들과 나누어 먹는 따뜻한 풍습이 있다. 시루에서 떡을 사각 무늬로 썰어 가장 중심에 있는 네모반듯한 떡 조각들, 가장 보기 좋은 떡을 담은 접시를 들고 식기 전에 속히 다녀오라는 어머니의 채근을 받으며 저녁 내내 돌렸던 기억이 있다.

어머니의 영이 방문했는데도

소천하시기 전날이다. 나는 토요일이어서 주일 준비를 마치고 쉬려 하고 있었다. 밤 9시경 현관에서 노크 소리가 아주 약하게 났다. 설마 밤에 방문자가 있을 리 없기에 무시하려 했는데 다시 약하고 간절한 것 같은 노크 소리가 났다. 이상하다 싶었다. 누가 찾아온 것이면 보통 벨을 누르든지 문을 흔들든지 할 것이 아닌가. 순간 불안한 마음에 몸이 쉬이 움직여지지 않았다. 혹시 나쁜 사람들이지 않을까 하는 생각 때문이었다. 마침 남편 집사는 귀가하는 중이었다. 힘이 없는 작은 노크 소리를 애써 떨쳐버리고 가만히 누워 잠을 청하려 뒤척였다.

잠시 후 소리가 사라졌다. 조용히 나가 문을 열고 틈새로 내다보았다. 아무도 없었다. 갑자기 어머니에게 전화를 하고 싶은데 시간을 보니 늦은 시각이라 잠을 깨울까 싶어 그만두었다. 어머니는 일찍 주무신다.

아침이 되었다. 어머님이 소천하셨다는 전갈을 받았다. 이러한 일이 실제로 있을지는 모르나 억장이 무너졌다. 그 밤의 노크 소리가 어머님이셨다는 생각이 들었다. 이 세상을 떠나시기 전이라면 아마도 막내딸이 가장 그립고 염려가 되지 않으셨을까 싶다.

이 일은 내게 여전히 회한으로 남아 있고 그 힘없던 노크 소리에 대한 영적인 이해에 대해 깊이 생각하고 있다.

너는 목사다, 너는 목사다

주님을 영접하고 난 청년 시절로 기억한다. 기도하고 나면 항상 가슴에 무슨 불이 타는 듯했다. 어느 날 불현듯 내 입에서 "너는 목사다, 너는 목사다"라는 소리가 흘러나왔다. 나는 고개를 흔들며 손으로 입을 막았다. 가당치 않은 소리이기 때문이었다. 목사는 아무나 될 수 없다고 생각하기 때문이다. 그러나 그날부터 나는 이미 목사의 길로 접어든 것 같다. 25년 후 나는 목사가 되었다. 기도 때마다 주신 레마의 말씀을 잊지 못한다.

"내가 반드시 너에게 복 주고 복 주며 너를 번성하게 하고 번성하게 하리라 하셨더니 아브라함이 이같이 오래 참아 약속을 받았느니라"(히브리서 6:14~15)

반드시 주실 복이란 게 무작정 좋았다. 그러나 오래 참는 것은 너무나 어려웠다.

밤샘으로 노래하던 사람, 기도실이 찬양방이 되다

밤마다 성전에 올라가 기도하던 중 6시간 이상 찬송을 불렀다.

찬송이 끝없이 흘러나온다. 어느 날 찬송의 메시지를 받았다.

"우리가 지금은 나그네 되어도 화려한 천국에 머잖아 가리니…."(새찬송가 508장)

이 찬송은 당시 곡도 가사도 몰랐을 때이다. 다만 방언으로 곡이 흘러나왔다. 다음 날 성가대장에게 확인해 보고서야 가사를 확인했다. 그 노래는 내 평생의 메시지가 되었다.

방 안에 찔레꽃 향기가 가득하던 날

많은 시간을 기도하던 중에 새벽녘에 온 방 안이 찔레꽃 향기로 가득했고 그 속에서 충분히 휴식하게 되었다. 한 2시간 정도 향기가 품어져 나왔다. 장미꽃보다 더 진하고 우아했던 그 향기는 지금도 가끔 그립다. 향기는 휴식과 상쾌함을 가져다주었다. 몸이 가벼워지고 기분이 아주 좋아졌다. 주님의 따뜻한 손길과도 같다는 생각이 들었다. 충분한 휴식과 위로가 되었다.

성령의 음성이 들려와

상담을 온 성도가 있었다. 군인의 아내였고 국제결혼을 한 성도였다. 남편은 신앙이 좋은 미국 분이며 아내 집사님은 신앙생활을 제대로 하지 않은 성도로서 믿음 좋은 친언니의 권유로 내게 함께 왔다. 그런데 그분의 태도가 영 긍정적이지 않고 불만이 가득한 모습으로 구경꾼이었다. 그분 언니의 부탁으로 나는 조용히 그분과 마주하고 앉았다. 어찌해야 하나 생각하며 기도해 드리고 보내자 하는 맘으로 고개를 숙여 기도에 들어갔다. 그때 성령의 음성이 들린다.

"로스캐롤라이나, 로스캐롤라이나."

그래서 나는 그녀에게 물었다.

"혹시 로스캐롤라이나가 뭔가요?"

나는 미국의 지역명인지도 미처 인지하지 못했는데 그 말을 들은 그분이 감회에 젖는 듯하더니 울컥하는지 눈물을 쏟아냈다. 그때부터 그분의 마음이 열려 대화가 시작되었다.

신앙생활이 되지 않았던 이유는 남편을 따라 미국에서 살 때 교회 속에서 받은 마음의 상처가 컸기 때문이었다. 그곳이 노스캐롤라이나였다. 그때 주님을 만나 너무나 충만한 은혜 생활에 빠져 있었는데 교포사회에서 국제결혼이라는 선입견이 있는지 그녀는 소외감에 시달리는 생활이었다고 한다. 주님을 만난 곳도 그곳이며 상처를 받은 곳도 그곳이라고 고백하며 그분은 많이 울었다. 주님은 그녀의 마음을 만져주셨고 그 후 발령을 받아 한국에 돌아와 근무 중이라고 했다. 남편은 늘상 말씀을 읽고 기도하는 신앙심이 돈독한 분이었다. 그분을 위한 중보기도를 하는데 커다란 글씨가 보였다. 아라비아숫자였다. 1, 2, 3, 4, 5. 이런 식의 글씨가 선명했고 그가 진급할 거란 내적 음성을 들었다. 그녀에게 말했더니 뛸 듯이 기뻐했다. 그러고는 주님 앞에 자세를 바로잡고 무릎을 꿇고는 감사를 드리고 주님에 대한 사랑을 고백하는 것을 보았다.

글씨가 보인 것은 그녀의 남편은 미사일을 다루는 직에 있는데 늘 숫자와 관계가 있다고 했다. 또 최근 진급 시험이 있어 열심히 공부 중이라고도 했다.

성령의 책망도 있었다. 남편에게 함부로 한 부분에 대하여 사과하라고 하셨다. 사실 남편에게 상당히 거칠고 예의 없이 한 부분이 많았다고 이야기했다. 그녀는 약속하고 돌아가 남편 앞에 무릎을 꿇고 용서를 빌었는데 남편이 너무 기뻐하며 하나님께 감사하면서 많이 안아주었다며 행복하다고 전화가 왔다. 그 후 진급된 사실도 알려왔다. 언니와 함께 지금까지 신앙생활을 잘하고 있는 것으로 알고 있다. 이 모두가 주님의 은혜였다.

환상으로 보여주시다

미사일이 서쪽으로 날아가더라

집회차 외국으로 가야 할 상황이 생겼는데 결단을 못하고 망설이며 기도 중이었다. 어느 순간 눈이 열리며 큰 미사일이 서쪽을 향해 날아가는 장면과 함께 그것이 무엇을 의미하는지 지식의 은사로 인해 다 알아차렸다. 바로 결정하고 몸을 움직였다.

성전에 천국의 부요가 풀어지던 날

집회 중이었다. 눈이 열리며 성전 안이 보이는데 온통 금으로 가득하다. 바닥엔 두 손으로 들어야 할 만큼의 금덩어리가 보도블록처럼 깔려 있고 그 사이사이에 황금열쇠들이 빈틈없이 박혀 있다. 천장에 황금열쇠들이 매달려 있고 벽은 금을 아주 두껍게 입힌 듯 무게감을 주었다. 아주 작은 공간인데 그런 장중한 느낌이 멋있었다. 그 열쇠와 금덩어리는 지금도 집회 시마다 성도에게 주어지고 있다. 또 모든 약품과 약품 냄새로 가득할 때가 있다. 운무, 곡식류, 향유, 보석들, 꽃잎들은 여전히 성도들의 영혼을 치유하고 위로하며 소망과 믿음을 일으키고 있는 것으로 안다.

군함을 타고 갑판 위에서 지휘하던 모습을 보다

집회 시에 어느 순간 나는 군함을 타고 있는 나 자신을 보았다. 갑판 위에서 사람들을 이끌고 있었는데 많은 사람과 작은 배들이 군함에서 내려 각각 내가 지휘하며 가리키는 쪽으로 가는 것을 보았다. 방향은 네 방향이었다. 저마다 가는 방향은 다르나 사명은 주님의 일터이다. 시명지를 향해 나아가는 사역자들이라는 생각이 든다. 이런 환상을 가진 지 2년 후에 나는 본격적으로 그 일을 하게 되었다. 그 일은 전문 사역자를 위한 아카데미였다.

파쇄 임상기도에 돌입하다

아주 오래전 내가 거주하는 곳 주변에 무속인이 이사를 와서 간판을 내걸었다. 유쾌하지는 않기에 여러 가지로 생각해 본 결과 조용히 기도로써 싸워야겠다 생각하고 기도에 돌입했다. 아무도 없는 기도실에서 날마다 예수의 이름으로 결박하고 파쇄하고 축사를 선포했다. 한동안 별다른 변화가 없었다. 3주쯤 되었을까. 기도 중에 눈이 열려 보이는데 다섯 종류의 악한 영체가 여러 모양으로 파쇄되어 있었다. 간판이 구룡암이라 하였으니 다섯 마리는 잡은 셈이다. 임상 차 시도한 기도였다. 그 후 계속하려고 했으나 더는 시도하지 못한 채 일상을 보내고 있던 차에 어느 날 무속인의 간판이 보이질 않았다. 주변에 확인해 보니 재수가 없어서 안 된다며 이사를 갔다고 한다. 이 모든 일을 기도가 하는 것이다.

열린 세계가 악한 영의 방해로 가려질 수 있다

문득 눈이 열리며 어떤 영적 환경이 보이려는 차에 집중하기도 전에 순식간에 검은 형체가 나타나 덮치듯이 영계를 가렸다. 도통 아무것도 보이질 않았다. 어두운 허공 그 자체였다. 이처럼 악한 영은 성도의 영안이 열리는 것을 방해한다. 왜냐하면 성도의 영안이 열려 악한 영들을 대면하는 순간 축사기도로 그들을 파쇄하기 때문이다. 나는 다시 많은 기도를 올렸고 그것을 벗겨 냈다.

성령께서 가르치신다

아주 오래전 일이다. 영적 사역을 하는 분들에 대해 약간 비웃는 듯한 감정을 갖고 있었다. 왜냐하면 그분들의 사역이 이해되지 않았기 때문이다. 그렇다고 하여 입으로 그분들을 비하하거나 부정적인 말을 발설한 적은 없다. 다만 마음속으로 옳지 않다는 생각을 했고 쉽게 수용할 수 없다는 감정을 갖고 있었을 뿐이다. 그러면서도 마음 한편으로는 긍정적인 호기심을 가지고 있었다. 어느 날 꿈을 꾸었는데 내 얼굴에 온통 더러운 파리 떼가 다닥다닥 붙어 떨어지질 않는 것이었다. 나는 매우 불쾌한 마음에 기분이 상했다. 그 순간 나는 왜 내 얼굴에 이런 현상이 일어나는 꿈을 꾸었는지 바로 알아사렸다. 그 순간 주님께 엎드려 이렇게 고백했다.

"맞습니다. 주님, 잘못했습니다. 제가 오물입니다. 아주 더러운 배설물에 불과한 저입니다. 용서해 주세요. 다시는 아무도 판단하지 않겠습니다."

입으로 발설하지도 않은 마음속의 은밀한 죄성도 용납하시지 않는 주님의 조용한 책망에 넘치는 감사를 드린다. 그 후 나는 그 누구도 쉽게 판단하지 않는다. 판단은 주님의 몫이다. 그렇다고 분별하지 않는다는 말은 아니다.

태어나면서부터 주님의 은총 안에서

나는 죽을 고비를 극적으로 넘긴 것이 다섯 번 이상 된다. 태어나 얼마 되지 않아 전혀 살 소망이 없는 신생아로 살았다 한다. 성장하여 어머니로부터 전해 들은 말은 이 한마디다. "참으로 산목숨이란 질기더구나."

나는 항상 내 삶이 덤의 인생임을 깨달으며 살아간다. 초등학교 때 사경을 헤매며 죽음의 골짜기를 지나던 기억이 아직도 한 커트 남아 있다. 식구들 모두 저녁상에 둘러앉아 식사하는데 나는 식구들의 소리를 귀로 들으며 점점 아득한 지하 동굴 속으로 끌려 들어가고 있었다. 소리를 쳐보지만 아무도 듣지 못하는 것 같았다. 기분 나쁘고 무서운 곳으로 간다는 생각만 확연하다. 그때 갑자기 모든 진행이 멈추어지면서 나는 다시 순식간에 어느 밖으로 빠져나왔다. 나는 그렇게 깨어났고 주님을 영접한 후에 그때의 경험이 죽음에서 다시 건져주신 주님의 은총이었음을 지식의 은사로 알게 되었다.

그 후에도 부지불식간에 직면한 죽음의 순간을 생각하면 등줄기에 식은땀이 난다. 차라리 나는 눈을 감아버린다. 주님은 그렇게 나의 일생을 돌보아주셨다. 이 세상을 떠날 때도 그렇게 생명 싸개로 싸안고 가시리라 믿는다.

강대상에 손바닥만 한 황금열쇠가 놓이다

집회 준비를 하고 있었다. 흰옷을 입으신 분이 강대상에 손바닥만 한 황금열쇠를 놓고 내게 뒷모습을 보인 채 서 있었다. 나는 일어나 황금이 놓인 곳으로 가 황금열쇠를 집어 들고는 웃으며 말했다.

"누구에게일지 모르지만 강단에 헌신하는 자에게도 동일한 은혜를 주실 것입니다."

교회의 봉사자들은 모두 자기 몫의 축복을 받는다. 나는 수시로 본다. 강단을 돕기 위해 수고하는 영상팀, 찬양팀, 꽃꽂이팀, 주방팀 등 그들이 서 있는 영역에는 그들 몫의 축복이 놓여 있음을. 오르간 반주기에는 커다란 골드가 놓여 있고 영상팀들 앞에는 열쇠 꾸러미 다섯 개가 쭉 놓여 있다. 그중 하나는 이미 한 사람에게 주어졌다. 그리고 그의 삶 또한 풀어졌다. 그러나 오르간에 올려진 큰 사이즈의 골드와 영상팀 앞에 있는 열쇠 꾸러미 네 개는 아직도 그대로이다. 나는 항상 말한다.

"누구든지 사모하라."

하나님의 축복과 은혜는 그가 누구든 진심으로 사모하는 자에게 들어가는 것을 보았기 때문이다.

고백이 중요하더라

주님을 영접하고 얼마 안 되어 사단의 시험이 찾아왔다. 사단은 어릴 적 어머니의 심부름으로 자주 갔던 암자 주인(보살)의 모습으로 나타났다. 내 목에 대형 낫을 걸어놓고 하는 말이 "예수 믿는다며? 네가 예수를 믿는다고 하면 지금 죽일 것이고 예수를 부인하면 살려준다"고 협박하는 것이다. 나는 그 순간 내 목을 쭉 내밀면서 죽일 테면 죽이라는 양으로 "나는 이제 예수님만 믿을 것이오"라고 말하였다. 그랬더니 갑자기 내 몸이 하늘 높이 치솟아 오르더니 커다란 포물선을 그리듯이 저쪽 한곳에 사뿐히 내려앉는데 얼마나 넓고 큰 푸른 초장인지 말로 형언할 수가 없었다. 그곳은 풍금 소리 같은 음악 소리가 가득한 곳이었다. 참으로 기분이 상쾌했다. 한마디의 신앙고백은 너무 중요하다.

스마트한 차림의 악한 감찰대장의 영도 있더라

기도하다 잠이 든 것 같다. 갑자기 현관문이 열리면서 정장 차림의 말쑥한 악한 영이 손을 허리춤에 올린 채 현관 앞에 서서 뭔가를 따지러 드는 것이 아닌가?

"너는 뭐냐?"고 응대하자 "왜 나의 부하들을 괴롭히는가?" 하며 발을 구르면서 짜증을 부리더니 감찰하기가 힘들다며 사라지는 게 아닌가. 땅땅한 체격에 흰색 와이셔츠에 검정색 바지가 아주 스마트해 보였다. 보통 악한 영은 악하고 험상궂으며 비정상적으로 일그러진 모습으로 나타난다. 저렇게 스마트한 악한 영도 있나 싶었다. 악한 영은 자신이 감찰대장이라고 자신을 소개했다. 졸개 귀신들을 풀어놓고 지역마다 감찰하고 다니며 상황 파악을 하는 자신을 평범함으로 감추고 다니는 대장인 것이다. 축사 사역을 하면서 나는 악한 영의 공격을 참으로 많이 받았다. 그러니 주님은 "네가 승리했다"라고 자주 말씀하신다.

✏️ 꿈이든 환상이든 눈을 흘기고 지나가거들랑 가차 없이 축사하라

꿈이든 환상이든 그런 시선을 두는 악한 영이 있을 수 있다. 반드시 보복 조치가 들어온다. 무슨 일이 일어나는 것이다. 꿈이든 환상이든 아직 현실로 이어지기 전이기에 이런 현상을 마주한 것이면 미리 축사해야 한다. 방법은 꿈이든 환상이든 그런 상황을 그대로 띄워놓고 축사하고 기도하라…. 반드시 파쇄될 때까지 해야 한다. 그러고 나면 현상이 드러나 영적 상태의 상황을 마주 보게 된다. 즉 파쇄되는 장면이 보이게 되는 것이다. 신기하게도 이렇게 되면 현실에서는 그 일이 일어나지 않는다.

이사 가던 날 아침에

이사 가던 날 새벽에 눈이 열린 경험이다. 누워서 보고 있었다. 새집에서 천사 둘이 큰 덩치의 영체를 끄집어내는데 천사 둘도 힘겨워할 만큼 매우 크고 무거우며 뭔가 물컹거리는 징그러운 영체였다. 그것을 천사들이 현관 밖으로 끌어내더니 번쩍 들어 내던지는데 아주 먼 곳까지 날아가 떨어져 파쇄되었다. 그러고는 집 안에 꽃잎을 뿌리는데 거실과 방에 가득 흩뿌렸다. 나는 알게 되었다. 성령께서 장소 축사를 해주신 것을. 기분 좋게 이사를 하고 살고 있다.

　귀신은 우리 가까이 어디든 존재한다. 배후에 역사하는 영은 역사, 정치, 문화, 교육, 가문, 가정, 개인, 장소, 어디에서든 역사할 수 있음을 기억하자. 겁낼 것이 아니라 항상 죄의 자백과 기도, 중심이 되는 말씀으로 삶의 질을 높여가는 것이 정답이다. 그것이 하나님의 질서이다. 영적 전쟁은 말씀 선포만 한다고 되는 것이 아니라는 것을 기억해야 한다.

교회의 장소를 정하지 못하고 있을 때

두 군데의 교회 위치를 놓고 기도하던 중 여러 날이 지나도 전혀 응답이 없어 결정을 앞두고 초조해 하던 차에 간절히 엎드려 기도했다. 주님께서는 레이저선 같은 것으로 가야 할 방향을 표시해 주셨다. 빛이 나가는데 그걸 따라 정확하게 선으로 죽 그려서 교회 장소까지 비추어 주셨다. 감사하게도 이렇게 모든 것이 주님의 인도 아래 살고 있다.

팩시밀리(fax)로 메시지를 받던 날

하나님의 은총 아래 늘 머물던 어느 날 나는 여전히 눈을 감은 채 누워 있었다. 나는 평소 조용히 누워 생각하는 것을 즐긴다. 편하기 때문이다. 그날도 딱히 무슨 기도를 한 것은 아니었다. 스르르 비몽사몽간에 그리된 것으로 기억한다.

누워 있는 내 머리맡에 팩시밀리 한 대가 보였다. 그 안에서는 흰 용지가 칙칙칙 하며 나오고 있었다. 내가 그 종이를 빼어 보는데 글씨들이 빼곡하나 한 자도 읽을 수가 없었다. 글씨 자체를 이해할 수 없기 때문이었다. 흰 것은 종이요, 검은 것은 글씨였다. 분명 무언가를 전하려는 전언이라는 느낌은 확연히 느낄 수 있었으나 읽을 수 있어야 이해가 되지 않겠는가. 마음속으로 반문하는 중에 해석의 영을 부어주시길 바라며 기도해야겠다는 깨달음이 왔다. 나는 바로 일어나 자세를 바로잡고 그 자리에서 기도를 드렸다. 그 직후 불현듯 무엇이든 저절로 해석되고 알게 되는 지식의 은사가 은혜로 주어졌다. 꿈 해석, 환상 해석. 나는 다른 이의 꿈과 환상을 들을 때 그냥 해석이 된다. 다른 이들의 방언도 해석이 된다. 예전엔 상상도 못하던 일이다. 참으로 그분의 은총이 놀랍지 않은가. 나는 대단히 부족한 사람으로 살았고 지금도 그러하다. 내가 천국에 들어가 그분을 뵈올 때 나는 얼마나 그분께 감사하랴. 나는 이 찬송을 늘 읊조린다.

"주님의 보좌 있는데 천한 몸 이르러…"
"만 입이 내게 있으면 그 입 다 가지고…"
"구세주를 아는 이들 찬송하고 찬송하세…"

이상으로 유튜브를 통해 많은 댓글과 체험을 독자들과 나누었다. 필자보다 더 많은 임재의 경험과 은총을 누리는 성도는 헤아릴 수 없이 많을 것이다. 다만 먼저 경험한 것들을 나눔으로 뒤에 오는 많은 성도들, 신학생들, 목회현장과 선교사님들, 주의 종들에게 조금이라도 유익이 된다면 감사한 일이며 그저 나의 할 일을 했을 뿐이며 모든 것이 주님의 소관임을 밝히고 싶다. 주 오심을 기다리는 모든 지구촌의 교회들이 시대적 사명과 적그리스도에 맞서 싸우는 불의 전사가 되길 바라며 일천만 한국 성도들 모두가 성령의 불의 기도를 하는 전사가 되어 더 큰 부흥이 일어 나길 바라는 마음을 올린다. 아멘.

나가면서

방언기도에 대해 여전히 많은 논란이 있는 것을 안다. 그러나 지성으로 이해된 것을 가지고 왈가불가하는 것을 보면 안타까움을 금하지 않을 수 없다. 그들이 영의 세계를 경험하고 난 후에도 과연 방언에 관해 가타부타 말할까 싶다. 성령의 감동으로 쓰인 성경 전체가 영의 세계를 말하고 있다. 천국과 지옥의 이야기, 지금도 살아서 역사하시는 하나님, 예수님, 성령님 그리고 우리를 괴롭히고 죽이려 하는 마귀와 귀신들, 또 우리 옆에서 우리를 수호하는 천사들… 이 모든 것을 삶 속에서 경험한 자들도 있을 것이다. 영안이 열려 보고 영의 귀가 열려 듣는 경험을 하는 이들은 그런 의문을 갖지 않는다.

많은 그리스도인이 예수를 믿으면 구원받고 그저 교회 출석만 잘하고 교회 생활을 열심히 하면 천국 티켓을 받는다고 생각한다. 그러나 과연 그게 다일까. 물론 그것도 중요하다. 그러나 우리의 영혼은 성장해야만 한다. 그리고 하나님을 온 마음을 다해 사랑하는 성도에겐 반드시 은사가 온다. 하나님은 그 은사들을 통해 성도를 골라 쓰시고 성도가 하나님의 나라와 뜻을 이루기를 원하신다. 그런 하나님의 사랑이 마음에 넘치는 자는 기도를 열심히 하게 되고, 그런 자들에게 방언이 주어진다. 그런데도 기존 교회들의 방언을 무시하고 배타하는 분위기 속에서 방언이 방치되거나 때론 멈춰지기까지 한다.

우리는 이 책을 통해 방언에 관한 많은 정보를 나누었다. 영의 기도라는 것이 얼마나 우리의 영을 활기차게 만들고 우리의 삶에 승리를 가져다주는지 우리는 진지하게 살펴보았다. 특히나 전쟁의 영을 가진 방언에 관해 하나님의 축복과 보호가 얼마나 굉장한 힘을 발휘하는지도 알게 되었다. 정말 안타까운 현실은, 아직도 많은 그리스도인이 이 영의 세계를 경험하지 못한 채 생을 마감한다는 사실이다.

성령의 은사는 주의 영이 믿는 자들에게 주시는 하늘의 선물이다. 이 천국의 자원들은 이 땅에 있는 동안만 복음이 전파되는 곳에서 쓰임 받도록 되어 있다. 성도의 영적인 삶 속에서 현실적으로 풀어지는 능력의 자원들이기에 충분히 받을수록 유익하다는 걸 기억하자.

이 책을 마무리하면서 아무쪼록 모든 그리스도인이 자신의 삶에 닥친 어려움을 영의 기도를 통해 헤쳐나가고 승리하여 주님께 인정받는 자들이 되기를 바란다. 전쟁의 영을 가진 자들이여, 일어나라!

시편 18:1~3

나의 힘이신 여호와여 내가 주를 사랑하나이다
여호와는 나의 반석이시요 나의 요새시요
나를 건지시는 이시요 나의 하나님이시요
내가 그 안에 피할 나의 바위시요 나의 방패시요
나의 구원의 뿔이시요 나의 산성이시로다
내가 찬송 받으실 여호와께 아뢰리니
내 원수들에게서 구원을 얻으리로다 아멘.

신나는 방언기도

초판 1쇄 발행 2024년 10월 25일
초판 2쇄 발행 2025년 1월 10일

지은이 박보명
펴낸곳 페이퍼북스 | **출판등록** 제2010-000159호
주소 경기도 고양시 일산동구 정발산로 24
전화 031-926-3397 | **팩스** 031-901-5122

ⓒ 박보명, 2024
ISBN 979-11-950362-1-9 03230

값 18,000원

* 이 책은 저작권법에 따라 보호받는 저작물이므로 무단 전재와 복제를 금지하며, 이 책 내용의 전부 또는 일부를 재사용하려면 반드시 저작권자의 서면 동의를 받아야 합니다.